# DE PAR LE ROY

## ET NOSSEIGNEVRS DE PARLEMENT.

ON fait de rechef & pour la derniere fois à sçavoir à tous qu'il appartiendra, que le Lundy vingt-sixieme jour de Iuin prochain de la presente année 1679, ou autre continué & dépendant, l'Audiance tenant en la Grand'Chambre; Il sera procedé à l'adjudication, sauf quinzaine, des fonds tres-fonds & proprieté des choses qui ensuivent.

Premierement, la Terre, Baronnie & Chastellenie de Montmirail en Brie, scituée en la Ville & Paroisse dudit Montmirail, entre Sezanne & Chasteau-Thiery, consistant icelle Baronnie & Chastellenie, en Chasteau & plusieurs batiments, basse-courts, escuries, & jardins; un grand clos fermé de murailles, justice, haute, moyenne & basse, tant en ladite ville de Montmirail, que membres en dépendans, droits de ressort, patronage, garde & collations du Prieuré de Nostre-Dame de la Grace, & Chapelle saint Thibault de Chasteau-Thiery, droit de prelation, droits de Notariat, & Fiefs de Trosnay, Molvon, & Montbazin, annexés & reünis à lad. Baronnie, justice, haute, moyenne & basse esdits Fiefs de Molvon & Montbazin, autres Fiefs, ariere-Fiefs, vassaux, ariere-vassaux, cens, sur-cens, rentes, terrages, plusieurs maisons, fermes, mestairies, terres, prez vignes, bois de haute-futaye dans ledit enclos, taillis, garennes, moulins, dont trois, qui sont les moulins de la chaussée de saint Martin & de la Fosse, sont banaux, pressoirs bannaux, rivieres, estangs, droits de voirie, foires, marchez, poids mesures, minages, allages, aulnages, estalages, boucheries, languayages, peages, soulieu, saulnu, Ban à vin par chacun an, pendant un mois, à commencer la veille de la Pentecoste, corvées & autres droits Seigneuriaux, domaines, acquisitions, augmentations, & accommodements qui y ont esté faits, faisant partie dudit Fief principal.

Item, la riviere de Chasteau-Thiery, commençant à l'endroit du petit clocher de saint Crespin, Parroisse de ladite ville de Chasteau-Thiery, jusques au pertuis de l'Abbaye de Chaisy, droit de pesche, & les Isles estant en lad. riviere, dépuis ledit clocher de saint Crespin jusqu'au pertuis de ladite Abbaye de Chaily, avec droit de justice, haute, moyenne & basse, tant sur ladite riviere, que sur lesdites Isles dans ladite estendue.

Item, les cens, sur-cens, coustumes & redevances imposées sur les heritages, esquels consistoit autrefois le Fief de Champluisant en la Paroisse de Brasle.

Item, le fonds, tres-fonds, & proprieté du Fief de Nesle, scitué en la Paroisse dudit Nesle, proche dudit Chasteau-Thiery, consistant en Iustice haute, moyenne & basse, & autres appartenances, circonstances & dépendances, membres dépendans de ladite Baronnie de Montmirail.

Item, le fonds & proprieté, sort principal, rachapt, & amortissement de trois cens cinquante livres de rente par chacun an, deuë, constituée par les habitans & communauté dudit Montmirail, au profit de feu Messire Loüis de la Trimoüille, Duc & Pair de France, Marquis de Noirmoustier, rachetable de la somme de sept mille livres, par Contract du vingt-six Octobre mil six cens cinquante-six, passé pardevant Augustin Molin, & Iean Plier Notaires en ladite Baronnie & Chastellenie de Montmirail.

Item, une piece de terre, qui estoit autrefois en vigne dans le Parc du Chasteau dud. Montmirail, contenant trois arpens ou environ, partie de laquelle piece de terre est en sain-foin separée par un mur, le long duquel est une haye plantée en charmes, & le surplus qui contient environ huit vingt perches en vignes; tenant d'une part aux bois du Parc dudit Chasteau de Montmirail, d'autre à la muraille dudit Parc qui sert de fermeture du costé de la riviere du petit Morin, d'un bout à la muraille du coté de Montclean; d'autre bout aux vignes encloses dans ledit Parc, dudit Chasteau de Montmirail, & au reste de ladite piece de sain-foin aussi enclose dans ledit Parc, ladite piece de vigne de huit vingt perches, faisant partie de toute la piece enfermée dans ledit enclos,

Item, une maison appellée la Maison de la Clef, scise en ladite ville de Montmirail, au dessous de ladite halle d'enhaut de ladite ville, en laquelle est demeurant Maistre Thiery le Large, Nottaire audit Montmirail, qui estoit tenuë en cencive de ladite Baronnie de Montmirail avant l'acquisition, dont sera cy-aprés fait mention, ladite maison consistant en un grand corps de logis sur la rue, appliqué par bas en trois grandes chambres à feu, & par haut en trois autres chambres & greniers dessus, caves dessous, montée dans œuvres derriere; & à costé duquel

A

corps de logis est une grande court à porte cochere, dont partie en jardin, un puits commun avec le voisin, une écurie en icelle court. Le dessus & comble de laquelle appartient aux heritiers défunt Pierre Fagot, lesdits batiments couverts de thuile, tenant la totalité de ladite maison & court par devant sur ladite rue, qui va à ladite halle, d'autres aux murailles de l'avenuë dudit Chasteau de Montmirail, d'un bout ausdits heritiers Pierre Fagot, & d'autre à Claude Gormé & autres.

Item, une piece de terre scise au terroir de Moncoupeau, Parroisse saint Martin dudit Montmirail, au lieu dit au dessus des vignes de Montcoupean, contenant quarente & une perche ou environ, tenant d'une part aux heritiers Michel Champenois, d'autre au Seigneur de Montmirail, d'un bout à la Damoiselle Nacquart, d'autre au Seigneur de Tiehecourt.

Item, une autre piece de terre scise audit terroir & lieu, contenant autres quarante & une perches ou environ, tenant d'une part aux heritiers dudit Champenois, d'autre à la piece cy-devant, d'un bout au chemin des vignes de Montcoupeau, & d'autre à Nicolas le Bon.

Item, une piece de terre scise audit terroir de Moncoupeau, Paroisse de Montmirail, lieu dit la Louviere, contenant quarante perches ou environ, tenant d'une part à Iean Bouchier, d'autre à Pierre Maurice, d'un bout à Pierre Regnard, & d'autre bout à Iacques Neequor.

Item, une piece de terre audit terroir de Montcoupeau, Paroisse de Montmirail, lieu dit la Louviere, contenant vingt perches ou environ, tenant d'une part à Pierre Fourrier, d'autre part à Iacques Remiot, d'un bout à la rue, & d'autre bout aux tournailles.

Item, un demy arpent de terre scis au terroir & Paroisse de Vaulchamps, au lieu dit les Binons, tenant d'une part à Nicolas le Beuf, d'autre au sieur Pintreil, & des deux bouts à des Tournailles.

Item, trente perches de terre audit terroir, Paroisse & mesme lieu, tenant d'une part aux heritiers François Parmousse, d'autre au sieur Barmy, d'un bout au chemin qui conduit de Montmirail à Vaulchamps, d'autre aux terres de la vente.

Item, une piece de terre scise au terroir d'Artonge, Paroisse dudit lieu, au lieu dit le Rouge fossé, appellée la piece de devant, contenant trente-trois arpens ou environ, tenant d'une part au nommé Boissois, d'autre au sieur de Messemé, d'un bout à la forêt de Rouge fossé, & d'autre bout au grand chemin de Montmirail à Artonge.

Item, un arpent de terre scis au mesme terroir & lieu appellé le Champ de la mariniere, tenant d'une costé à Loüis Lognion, d'autre costé à Antoine Germain, d'un bout au chemin de Montmirail à Artonge, & d'autre bout au Prieuré dudit Artonge.

Item, un pré appellé le pré des Fouches, contenant trois arpens ou environ, scis audit terroir d'Artonge, tenant d'un costé à ladite piece de devant, d'autre audit sieur de Messemé, & des deux bouts audit sieur de Messemé & au sieur de la Barre.

Item, un arpent de pré, appellé le pré de la Noué, scis audit terroir & Paroisse d'Artonge, tenant d'une part à la piece de terre cy-devant, d'autre audit sieur de Messemé, d'un bout à ladite piece de devant, & d'autre bout à François le Bourg.

Item, un quartier & demy de pré, scis audit terroir d'Artonge au dessous de la petite forest, tenant d'un costé aux Peres de la Mission de la Mortiere, d'autre à des terres en friche, d'un bout ausdits Peres de la Mission, & d'autre ausdites terres en friche.

Item au terroir de Villemoyenne, Paroisse de Fontenelle une piece de terre scise au lieu dit Lousche, contenant trois arpens & un quartier ou environ, tenant d'une part à la grande rue de Villemoyenne, d'autre à la sente des masures & des deux bouts au sieur de Neron.

Item, une autre piece de terre scise audit terroir & Paroisse, au lieu dit les Masures, contenant six vingt perches, tenant d'une part à Roger Voyer, d'autre aux enfans du nommé Chesne Benoist, d'un bout à ladite sente des Masures, & d'autre au grand chemin de Chasteau-Thiery.

Item, une autre piece de terre scise audit terroir, Paroisse & mesme lieu, contenant soixante perches ou environ, tenant des deux costez aux hoires Marin Blessiry, d'un bout à ladite sente des masures, & d'autre bout au grand chemin de Chasteau-Thiery.

Item, une autre piece de terre audit terroir de Villemoyenne, Paroisse de Fontenelle, au lieu dit la Fosse-Rouge, contenant cinq arpens ou environ, tenant d'un costé au sieur de Neron, d'autre aux enfans dudit Chesne Benoist, d'un bout au grand chemin de Chasteau-Thiery, & d'autre bout aux Tournailles.

Item, une autre piece de terre audit terroir, & paroisse, au lieu dit le Cournier, contenant douze perches ou environ, tenant d'un costé audit sieur de Neron, d'autre aux heritiers Eloy Covot, d'un bout à la grande rue de Villemoyenne, & d'autre au Ru.

Item, une piece de terre au mesme terroir & paroisse, au lieu dit les Masures, contenant demy arpent ou environ, tenant d'une part aux enfans de Iean Chesne Benoist, d'autre à Denis Champenois, d'un bout à la sente des Masures, & d'autre au grand chemin de Chasteau-Thiery.

Item, une autre petite piece de terre scise audit terroir & lieu, contenant vingt perches ou environ, tenant d'une part à Denis Champenois, d'autre à une ruelle qui conduit dudit Villemoyenne audit chemin de Chasteau-Thiery, d'un bout à ladite sente des Masures, & d'autre au grand chemin de Chasteau-Thiery;

Item, une autre piéce de terre audit terroir, lieu & parroisse, contenant soixante perches ou environ, tenant d'une part audit Denis Champenois, d'autre aux heritiers de Marin Blettry, d'un bout au grand chemin, & d'autre à la sente des Masures.

Item, une autre piéce de terre scise audit terroir audessus du chemin de Chasteau-Thiery, au lieu dit la Fosse-Rouge, contenant ving-cinq perches, tenant des deux costé & d'un bout audit sieur de Neron, & d'autre bout au grand chemin de Chasteau-Thiery.

Item, une autre piéce de terre seise au mesme terroir & lieu, contenant vingt-cinq perches ou environ, tenant d'un costé à Denis Champenoist, d'autre aux heritiers Marin Blettry, d'un bout audit chemin de Chasteau-Thiery, & d'autre aux Tournailles.

Item, une autre piéce de terre scise audit terroir, lieu dit le Poirier Martin Iacquin, contenant un demy arpent ou environ, tenant d'un costé au sieur de Neron, d'autre à Denis Champenoist, d'un bout audit chemin de Chasteau-Thiery, & d'autre aux Tournailles.

Item, une piéce de terre seise au terroir de Plesnoy, lieu dit la queuë de Pargny, parroisse de Fontenelle, contenant cinquante perches ou environ, tenant d'une part à Pierre Cosson à cause de la femme, d'autre à Pierre Ragot, & des deux bouts aux Tournailles.

Item, une piéce de terre seise audit terroir, parroisse & mesme lieu contenant cinquante-huit perches ou environ, tenant d'une part audit Cosson, d'autre à Simon Baussan, d'un bout & d'autre aux Tournailles.

Item, une piéce de terre scise audit terroir de Plesnoy, proche dudit lieu, paroisse de Fontenelle, contenant quarante-six perches ou environ, tenant d'une part aux hoirs Pasquier Moreau, d'autre à Denis Champenoist, d'un bout aux Robert Savary, & d'autre bout aux Tournailles.

Item, une piéce de terre scise audit terroir de Plesnoy, lieu dit les Longs-Reages, contenant vingt-cinq perches ou environ, tenant d'une part aux heritiers Pasquier Moreau, d'autre à Pierre Remiot, d'un bout audit Remiot, & d'autre aux Tournailles.

Item, une autre piéce de terre audit terroir de plesnoy, paroisse de Fontenelle, lieu dit les Nacars, contenant quarante perches ou environ, tenant d'une part à Nicolas Huet, d'autre à Regnault Cosson, d'un bout aux prez, & d'autre aux Tournailles.

Item, une autre piéce de terre audit terroir, & parroisse proche dudit lieu des Nacars, contenant quarante-cinq perches ou environ, tenant d'une part à Robert Sanoy, d'autre à Iacques Cosson, d'un bout au pré, & d'autre aux Tournailles.

Item, une autre piéce de terre audit terroir de plesnoy, lieu dit le Champ-Guedon faisant Bourgeoise, contenant soixante-deux perches ou environ, tenant de part, d'autre à Marin Corret, d'un bout au pré, & d'autre bout aux Tournailles.

Item, une piéce de terre scise audit terroir de plesnoy, lieu dit l'Epine, paroisse de Fontenelle, contenant trente-six perches ou environ, tenant d'une part à Marin Corret, d'autre à la terre de sainct Thibault, d'un bout audit Corret, & d'autre au pré.

Item, une piéce de terre audit terroir dudit plesnoy, lieu dit la vallée des Tourneaux, contenant quatre-vingts-six perches ou environ, tenant d'une part à Renault Cosson, & d'autre, d'un bout audit Cosson, & d'autre aux Tournailles.

Item, une autre piéce de terre seise audit terroir de Plesnoy, susdite parroisse de Fontenelle, lieu dit les Bois Cornu, contenant vingt-sept perches ou environ, tenant d'une part à Nicolas le Large, d'autre audit Corret, d'un bout & d'autre aux Tournailles.

Item, une autre piéce de terre seise audit terroir de Plesnoy, lieu dit la ruë de Ville-moyenne, contenant trente-huit perches ou environ, tenant d'une part audit Corret, d'autre à Iacques Cosson, d'un bout à ladite ruë, & d'autre aux Tournailles.

Item, une autre piéce de terre audit terroir de Plesnoy, audit lieu de la ruë de Ville-moyenne, contenant trente-une perche ou environ, tenant d'une part audit Corret, d'autres à Iacques Chanteau, d'un bout & d'autre aux Tournailles.

Item, une piéce de terre seise audit terroir de plesnoy, au lieu dit au moulin à vent de Ville-moyenne, paroisse de Fontenelle, contenant dix-huit perches ou environ, tenant d'une part aux hoirs Pasquier Moreau, d'autre aux hoirs Pierre Champenoist, d'un bout & d'autres aux Tournailles.

Item, une piéce de terre scise audit terroir de plesnoy, proche dudit lieu du moulin à vent de Ville-moyenne, contenant soixante & une perche ou environ, tenant d'une part audit Corret, d'autre à Pierre Champenoist, d'un bout aux prez, & d'autre aux Tournailles.

Item, une piéce de terre scise au terroir de Ville-moyenne, paroisse de Fontenelle, lieu dit la Nouë aux Bois, & faisant plusieurs haches, contenant quatre cens cinquante-quatre perches ou environ, tenant d'une part audit sieur de Neron, d'autre à Iacques Remiot, d'un bout audit Cosson, & d'autre au grand chemin de Chasteau-Thiery.

Item, une piéce de terre seise au terroir de Ville-moyenne, paroisse de Fontenelle, audit lieu de la Nouë aux Bois, contenant deux cens vingt-trois perches ou environ, tenant d'une part audit Cosson, d'autre audit Sieur de Neron, d'un bout au grand chemin de Chasteau-Thiery, d'autre à

Item, une piéce de terre seise audit terroir de Ville-moyenne, paroisse de Fontenelle, au lieu dit les Mafures, contenant dix perches ou environ, tenant d'une part à Roger-Voyer, d'autre audit fieur de Neron, d'un bout & d'autre au chemin.

Item, une autre piece de terre audit terroir de Ville-moyenne, paroiffe de Fontenelle audit lieu des Mafures, contenant quatre-vingts perches ou environ, tenant d'une part audit Remiot, d'autre audit fieur de Neron, & des deux bouts au chemin.

Item, une piece, partie en terre, & partie en bois, fcife au terroir & parroiffe de Marchais, au lieu dit le Pafturage, contenant quatre arpens & demy ou environ, tenant des deux coftez audit fieur de Neron, d'un bout au Ru, & d'autre aux Tournailles.

Item, une autre piece de terre audit terroir, au lieu dit le Pré-des-Aulnes, contenant un arpent ou environ, tenant d'une part à Roger-Voyer d'autre aux Tournailles, d'un bout au chemin qui conduit de Ville-moyenne à Marchais, & d'autre aux Tournailles.

Item, une autre piece de terre audit terroir & lieu, contenant quarante-cinq perches ou environ, tenant d'une part à Iacques Remiot, d'autre aux enfans de Iean Champenoift, d'un bout aux Tournailles, & d'autre à la ruë du Pont.

Item, une piece de terre audit terroir & lieu, contenant vingt-cinq perches ou environ, tenant d'une part aux heritiers Marin Bletry, d'autre à Iacques Remiot, & des deux bouts aux Tournailles.

Item une autre piece de terre fcife audit terroir de Marchais, au lieu dit le Pré-des-Aulnes, contenant quatre-vingts perches ou environ, tenant d'une part à ladite petite ferme de Ville-moyenne, non logée, & d'autre à des Tournailles, d'un bout au chemin qui conduit de la Fontaine à Bailly, & d'autre bout aux Tournailles.

Item, une autre piece de terre fcife audit terroir de Marchais, au lieu dit la Rue du Pont, contenant quatre arpens ou environ, tenant d'un cofté aux enfans de Iean Champenoift, d'autre à Denis Champenoift, d'un bout à la ruë, & d'autre aux Tournailles.

Item, une autre piece de terre fcife audit terroir de Marchais, & au mefme lieu dit la Rue du-Pont, contenant quarante perches ou environ, tenant d'un cofté & d'un bout à ladite Ruë du-Pont, d'autre cofté à Gabriel Poiffon, & d'autre bout à la prairie de Ville-moyenne.

Item, une autre piece de terre fcife audit terroir & lieu, contenant foixante perches, tant terres que prez, tenant d'une part aux hoirs de Bletry, d'autre à Auguftin Gery, d'un bout à ladite prairie, & d'autres aux Tournailles.

Item, une piece de terre fcife audit terroir, au lieu dit le Patellot, contenant deux arpens quarante perches ou environ, tenant d'un cofté à Pierre Corret, d'autre aux terres de l'Eglife de Marchais, & des deux bouts aux Tournailles.

Item, une piece de terre audit terroir, lieu dit la Baillie, contenant cent vingt perches ou environ, tenant d'une part aux terres de la ferme de Baily, & d'autre à des Tournailles, d'un bout au chemin qui conduit de la Fontaine de Ville-moyenne à Bailly, & d'autre aux terres de l'Eglife de Vandiers.

Item, une autre piece de terre, fcife audit terroir, & lieu au deffus du chemin, contenant trois arpent vingt perches ou environ, tenant d'une part aux terres de la ferme de Bailly, d'autre à des Tournailles, d'un bout audit chemin, qui conduit de ladite Fontaine de Bailly, & d'autre aux Tournailles.

Item, une autre piece de terre, fcife audit terroir de Marchais, au lieu dit la Noüe, contenant quatre-vingts perches ou environ, tenant d'une part à la veuve Eloy Crefpin, d'autre à Denis Champenoift, & des deux bouts aux Tournailles.

Item, une autre piece de terre fcife audit terroir, au lieu dit le nid des Corneilles, contenant quatre-vingts perches ou environ, tenant d'un cofté au chemin de la fontaine, d'autre à Pierre Collet, & des deux bouts aux Tournailles.

Item, une autre piece de terre fcife audit terroir & lieu, contenant vingt perches ou environ, tenant d'une part à pierre Collet, d'autre à Roger-Voyer, & des deux bouts aux Tournailles.

Item, une autre piece de terre fcife audit terroir & lieu, contenant vingt-cinq perches ou environ, tenant d'une part aux hoirs de Marin Bletry, d'autre aux terres de la ferme Ville-moyenne non logée, d'un bout au chemin qui conduit de Ville-moyenne à Marchais, & d'autre bout à des Tournailles.

Item, une autre piece de terre audit terroir, au-deffus du fond de la Noüe Maroul, contenant vingt-cinq perches ou environ, tenant d'un cofté aux terres de la ferme de Bailly, d'autre à Denis Champenoift, des deux bouts aux Tournailles.

Item, une autre piece de terre fcife audit terroir, fcife au lieu dit les Rideaux, contenant un arpent ou environ, tenant d'un cofté à Denis Champenoift, d'autre cofté, & des deux bouts aux Tournailles.

Item, une autre piece de terre fcife audit terroir, au lieu dit au deffus des Rideaux, contenant quatre-vingts perches ou environ, tenant d'un cofté à Gabriel poiffon, d'autre à Denis Champenoift, & des deux bouts aux Tournailles.

Item, une autre piece de terre audit terroir & mefme lieu, contenant demy arpent ou environ, tenant d'une part à Iean Gity, d'autre à Denis Champenoift, & des deux bouts aux Tournailles.

Item,

Item, une autre piece de terre audit terroit & lieu, contenant quatre-vints perches ou environ, tenant d'un costé aux heritiers de Jacques Cosson, d'autre à d'un bout au pré de la Marre, & d'autre aux Tournailles

Item, une autre piece de terre audit terroir, au lieu dit le fonds de la marche, contenant huit vingts perches ou environ, tenant d'une part & d'un bout aux heritiers Marin Blettry, d'autre part à un chemin qui conduit de Ville-moyenne au pré de la marche, & d'autre bout aux tournailles.

Item, une autre piece de terre scise audit terroir de Marchais, au lieu dit sur les prés de la marche, contenant quatre-vingts perches ou environ, tenant d'une part à Monsieur de Neron, d'autre à la veuve Sebastien Gery, d'un bout au pré de la marche, & d'autre aux Tournailles.

Item, un demy arpent de terre scise audit terroir, au lieu dit le haut de la marche, contenant un demy arpent ou environ, tenant d'une part au Seigneur de Plesnoy, d'autre à Roger-voyer, d'un bout ausdits prés de la marche, & d'autre aux vieils prés.

Item, une autre piece de terre audit terroir & lieu, contenant quarante perches ou environ, tenant d'un costé au sieur de Neron, & d'autre à Jacques Poisson, d'un bout au vieil pré, & d'autre aux Tournailles.

Item, une autre piece de terre scise audit terroir, & lieu, contenant cinq arpens ou environ, tenant d'une part à Martin Corret, d'autre à Jacques Cosson d'un bout au pré de la marche, & d'autre bout aux Tournailles.

Item, une autre piece de terre scise audit terroir & mesme lieu, contenant cent quatre-vingts perches ou environ, tenant d'une part à Jean Giry, d'autre à Jacques Cosson, d'un bout au pré de la marche, & d'autre aux tournailles.

Item, un autre piece de terre scise audit terroir & mesme lieu, contenant cent-soixante perches ou environ, tenant d'une part à Jacques Cosson, d'autre à Martin Corret, d'un bout au chemin qui conduit de Ville-moyenne aux prés de la Marche, & d'autre aux tournailles.

Item, une autre piece de terre scise audit terroir & lieu, contenant deux arpens quarante perches ou environ, tenant d'une part à Denis Champenoist, d'autre aux heritiers Denis Parisis, d'un bout aux prés de la Noüe-Huyart, & d'autre bout aux Tournailles.

Item, une autre piece de terre scise audit terroir & lieu, contenant autre deux arpens quarante perches ou environ, tenant d'une part audit Denis Champenoist, d'autre à Martin Corret, & des deux bouts aux Tournailles.

Item, une autre piece de terre audit terroir, lieu dit Guillemards contenant quatre-vingts perches ou environ, tenant d'une part à Monsieur de Neron, d'autre à Denis Fournier, d'un bout au Ru de Ville-moyenne, & d'autre aux Tournailles.

Item, une autre piece de terre audit terroir, estant en pré & pasture, lieu dit Guillemard, contenant soixante perches ou environ, tenant de toutes parts audit sieur de Neron.

Item, une piece de pré scise audit terroir de Marchais, lieu dit le bois Blanchet, contenant quarante-huit perches ou environ, tenant d'une part à Monsieur de Plaisnoy, d'autre à Pierre Remiot, & des deux bouts aux terres labourables.

Item, une piece de terre scise audit terroir de Marchais, au lieu dit le nid des Corneilles, contenant cent soixante perches ou environ, tenant d'une part aux heritiers Marin Blettry, d'autre à Roger-voyer, d'un bout au chemin de Ville-moyenne à Marchais, & d'autre aux Tournailles.

Item, une autre piece de terre scise audit terroir & lieu, contenant un demy arpent ou environ, tenant d'une part aux heritiers Marin Blettry, d'autre à Royer-voyer, d'un bout au chemin qui conduit à Marchais, & d'autre bout aux Tournailles.

Item, une autre piece de terre scise audit terroir & lieu, contenant vingt perches ou environ, tenant d'une part à Roger-voyer, d'autre aux heritiers Blettry, d'un bout au chemin qui conduit de Ville-moyenne à Marchais, & d'autre bout aux Tournailles.

Item, une autre piece de terre scise audit terroir & lieu, contenant quarante perches ou environ, tenant d'une part aux heritiers Pierre Bruneau, d'autre aux heritiers Marin Moreau, d'un bout & d'autre aux Tournailles.

Item, une autre piece de terre audit terroir & lieu, contenant un arpent ou environ, tenant d'une part aux Tournailles, d'autre à la veuve Esloy Crespin, d'un bout aux terres de la Ferme de Ville-moyenne logée, d'autre au chemin qui conduit dudit Villemoyenne à Marchais.

Item, une autre piece de terre audit terroir scis prés dudit lieu, contenant quarante perches ou environ, tenant d'une part & d'un bout à des Tournailles, d'autre part aux enfans de Jean Chesne Benoist, & d'autre bout audit chemin.

Item, une autre piece de terre audit terroir, lieu dit le nid des Corneilles, contenant un arpent ou environ, tenant d'une part au chemin qui conduit de la Fontaine à Bailly, d'autre aux heritiers Marin Blettry, d'un bout à une piece de terre cy-après declarée, & d'autre bout à un chemin qui conduit au pré de la marche.

Item, une autre piece de terre audit terroir, lieu dit le pré des Aulnes, contenant quatre-vingts perches ou environ, tenant d'une part à une piece de terre de la Ferme de Villemoyenne

B

logée, d'autre & d'un bout aux Tournailles, & d'autre bout au chemin qui conduit de la Fontaine à Bailly.

Item, une autre piece de terre scise audit terroir, lieu dit la Ruë-du-pont, contenant quarante perches, tenant d'un costé au sieur de Neron, d'autre à Roger-voyer, d'un bout à ladite ruë-du-pont, & d'autre aux Tournailles.

Item, une autre piece de terre scise audit terroir & mesme lieu, contenant quatre arpens & demy ou environ, tenant d'une part à Denis Champenoist, d'autre à la veuve Esloy Crespin, d'un bout à ladite Ruë-du-pont, & d'autre aux tournailles.

Item, une autre piece de pré dans la prairie de Ville-moyenne, au lieu dit le Soucy, contenant un arpent, tenant d'une part aux préz de l'Eglise de Fontenelle, d'autre au heritiers du sieur Guiniot, d'un bout au Ru, d'autre aux terres labourables.

Item, une piece de terre audit terroir de Marchais, au lieu dit le Pasturage, contenant deux arpens ou environ, tenant d'une part aux bois de la ferme de Villemoyenne logée, d'autre & des deux bouts au chemin qui conduit de la fontaine à Bailly.

Item, une autre piece de terre audit terroir, au lieu dit l'Orme des chiens, contenant cent soixante perches ou environ, tenant d'une part aux enfans de Iean Chesne-Benoist, d'autre à Iacques Remiot d'un bout au chemin qui conduit de Villemoyene au prez de la marche, & d'autre bout aux Tournailles.

Item, une autre piece de terre scise audit terroir, au lieu dit derriere la maison Abel Chenu, contenant quatre-vingts perches, tenant d'une part à Pierre Collet, d'autre aux hoirs Marin Bletry, d'un bout au Ru de Villemoyenne, & d'autre aux Tournailles.

Item, une autre piece de terre scise audit terroir de Marchais, au lieu dit les préz de la Noüe-Huyart, contenant vingt-cinq perches ou environ, tenant des deux costez aux hoirs François Baussan, d'un bout audit pré, & d'autre aux Tournailles.

Item, une autre piece de terre scise audit terroir & lieu, contenant quarante perches ou environ, tenant d'une part aux hoirs Iacques Cosson, d'autre au sieur de Neron, d'un bout au viel pré, & d'autre à

Item, audit terroir de Marchais une piece de pré, au lieu dit le pré des gains, contenant un arpent ou environ, tenant d'une part à Iean Fourrier d'autre part à la ruë, d'un bout à Denis Champenoist, & d'autre bout au sieur de Saluce.

Item, une piece de terre scise audit terroir de Marchais lieu dit le Champ Dupuis, contenant demy arpent ou environ, tenant d'une part aux hoirs Marin Blestry, d'autre part à Iacques Remiot, d'un bout à la ruë appellée l écluses, & d'autre bout à Marguerite Tricot.

Item, une piece de terre scise audit terroir de Marchais, & audit lieu de Champ-dupny, contenant trois quartiers ou environ, tenant d'une part à Denis Champenoist, d'autre part à Pierre Fourrier, d'un bout à la ruë de l'écluse, & d'autre bout au pré de ladite ferme.

Item, une autre piece de terre scise audit terroir de marchais, lieu dit le pré des Gains, contenant quarante perches ou environ, tenant d'une part à Gabriel Gery, d'autre à Iean Necot d'un bout à Denis Champenoist, & d'autre à Margueritte Necot.

Item, une piece de terre scise audit terroir de Marchais, lieu dit le pré des Saulx, contenant deux arpens ou environ, tenant d'une part à Denis Champenoist, d'autre à Margueritte Necot, d'un bout sur le sieur de Neron, & d'autre bout au chemin qui conduit de Bailly à Plesnoy.

Item, une piece de terre audit terroir de Marchais, lieu dit le pré du Saulx, contenant vingt-cinq perches ou environ, tenant d'une part à Pierre Maurice, d'autre à Pierre Gery, d'un bout au pré de Sany, & d'autre bout au chemin qui conduit de Bailly à Plesnoy.

Item, une piece de terre scise audit terroir de Marchais, audit lieu dit pré des Saulx, contenant un arpent ou environ, tenant d'une part à Denis Champenoist, d'autre part à Monsieur de la Coutterie, d'un bout au pré des Saulx, & d'autre bout au chemin dudit pré des Saulx.

Item, une autre piece de terre audit terroir de Marchais, & audit lieu dit pré des Saulx, contenant quatre-vingts perches ou environ, tenant d'une part aux hoirs Pierre Laurens, d'autre part à Iean Houdry, d'un bout au pré, & d'autre bout au hoirs André Necot.

Item, une piece de terre audit terroir de Marchais, lieu dit le pré de l'Eglise, contenant quatre-vingts perches ou environ, tenant d'une part à la veuve Guynot, d'autre part aux heritiers Pierre Laurens, d'un bout au pré de l'Eglise, & d'autre au pré des broüillards.

Item, une piece de terre audit terroir de Marchais, lieu dit le pré des broüillards, contenant vingt perches ou environ, tenant d'une part à Pierre Gery, d'autre part aux tournailles, d'un bout au pré des Broüillards, & d'autre bout aux tournailles.

Item, une piece de terre scise audit terroir de Marchais, au lieu dit la Noüe-maroul, contenant cinquante perches ou environ, tenant d'une part aux terres de la ferme de Ville-moyenne, d'autre à Pierre Cratot, & d'un bout & d'autre aux tournailles.

Item, une autre piece de terre scise audit terroir de Marchais, au lieu dit la Noüe Maroul, contenant un arpent ou environ, tenant d'une part aux terres de la Ferme de Ville-moyenne, d'autre à Pierre Maurice & d'un bout & d'autre aux Tournailles.

Item, une piece de terre audit terroir de Marchais, lieu dit aux Paftures, contenant un demy arpent ou environ, tenant d'une part & d'autre audit fieur de Neron, d'un bout fur le ruiffeau, & d'autre bout à l'Orme des Chiens.

Item, une piece de terre fcife audit terroir de Marchais, audit lieu des Paftures, contenant trente perches ou environ, tenant d'une part audit fieur Neron, d'autre aux heritiers Jacques Coffon, d'un bout fur le clos de la couvette, & d'autre bout au chemin qui conduit à l'Orme des Chiens.

Item, une piece de terre audit terroir de Marchais, lieu dit l'Orme de Plefnoy, contenant trois quartiers ou environ, tenant d'un cofté à Iacques Huart, d'autre cofté aux hoirs du nommé Fayet, d'un bout au chemin de Plefnoy, & d'autre bout à Nicolas Coffon.

Item, une piece de pré fcife audit terroir de Marchais lieu dit le marché, contenant vingt perches ou environ, tenant d'une part à Nicolas Coffon, d'autre à d'un bout aux terres de la Ferme de Ville-moyenne, & d'autre bout à Monfieur de Neron.

Item, une piece de terre audit terroir de Marchais, lieu dit le Bois Maffelin, contenant trente perches ou environ, tenant d'une part à Denis Chefne Benoift, d'autre part à Nicolas Coffon, d'un bout au bois Maffelin, & d'autre bout à la ruë.

Item, une piece de terre fcife audit terroir de Marchais, lieu dit les Roches, contenant vingt perches ou environ, tenant d'une part à Gabriel Poiffon, d'autre à Denis Chefne Benoift, d'un bout à la ruë des Lorme, & d'autre bout aux Roches.

Item, une piece de terre fcife audit terroir de Marchais, lieu dit au Parc, contenant quarante perches, tenant d'une part à Denis Chefne Benoift, d'autre part à Gabriel Poiffon, d'un bout aux Roches, & d'autre bout aux Tournailles.

Item, une piece de terre fcife audit terroir, lieu dit au Parc, contenant foixante perches ou environ, tenant d'une part à Gabriel Poiffon, d'autre à Denis Champenoift, d'un bout au clos du champ de Champenoift, & d'autre bout aux gains Marie Moreau.

Item, une autre piece de terre fcife audit terroir de Marchais, lieu dit le bois Loclet, contenant quatre-vingts perches ou environ, tenant d'une part à Pierre Maurice, d'autre à Marie Moreau, d'un bout & d'autre aux Tournailles.

Item, une piece de terre fcife audit terroir de Marchais, lieu dit le clos de Iean Gery, contenant trois quartiers ou environ, tenant d'une part à Iean Gery, d'autre à Gabriel Poiffon, d'un bout au clos de Iean Gery, & d'autre aux deux arpens de ladite Ferme.

Item, une piece de terre fcife audit terroir de Marchais, lieu dit la ruë de la Guinofte, contenant deux arpens ou environ, tenant d'une part aux heritiers Marin Blettry, d'autre part aux Tournailles, d'un bout à Gabriel Poiffon, & d'autre bout à la ruë de la Guinofte.

Item, une autre piece de terre fcife audit terroir & lieu, contenant trois quartiers ou environ, tenant d'une part à Iean Fourrier, d'autre à Denis Gery, d'un bout à la ruë de la Guinofte, & d'autre bout aux prés de Tichecourt.

Item, une piece de terre audit terroir, lieu dit la ruë de la Guinofte, contenant vingt perches ou environ, tenant d'une part à Denis Chefne Benoift, d'autre part à Pierre Maurice, d'un bout à la ruë de la guinofte, & d'autre bout à la prairie.

Item, une piece de terre audit terroir, lieu dit la ruë de la Guinofte, contenant vingt perches ou environ, tenant d'une part à Denis Chefne Benoift, d'autre part à Gabriel Gery, d'un bout à la ruë de la Guinotte, & d'autre bout aux Tournailles.

Item, une piece de terre fcife audit terroir de Marchais, audit lieu de la Guinotte, contenant vingt perches ou environ, tenant d'une part à Denis Chefne Benoift, d'autre part aux Tournailles, d'un bout à Marin Blettry, & d'autre bout à la ruë de la guinotte.

Item, une piece de terre fcife audit terroir de Marchais, & audit lieu de la Guinotte, contenant trois quartiers ou environ, tenant d'une part aux hoirs Pierre l'Afnier, d'autre part & d'un bout aux Tournailles.

Item, une piece de terre fcife audit terroir de Marchais, & audit lieu de la Guinotte, proche de Ville-moyenne contenant trente perches ou environ, tenant d'une part à Iean Fourrier, d'autre aux Tournailles, d'un bout à la ruë, & d'autre bout à la prairie.

Item, une piece de terre audit terroir de Marchais, lieu dit le Parfin, contenant quatre-vingts perches ou environ, tenant d'une part à Denis Champenoift, d'autre part aux Tournailles, d'un bout & d'autre aux Tournailles.

Item, une autre piece de terre fcife audit terroir & mefme lieu, contenant quatre journels ou environ, tenant d'une part à Denis Champenoift, d'autre aux terres de la Ferme de Ville-moyenne, d'un bout audit Champenoift, & d'autre bout au chemin qui conduit à Ville-moyenne.

Item, une autre piece de terre audit terroir de Marchais, lieu dit le Parfin, contenant vingt perches ou environ, tenant d'une part à Nicolas Coffon, d'autre au chemin, d'un bout aux terres de la Ferme de Ville-moyenne, & d'autre bout à Denis Champenoift.

Item, une autre piece de terre audit terroir de Marchais & audit lieu de Parfin, contenant fix quartiers ou environ, tenant d'une part aux terres de la ferme de Ville-moyenne, d'autre à Denis Champenoift, d'un bout à Nicolas Coffon, & d'autre

Item, une autre piece de terre scife audit terroir de Marchais, lieu dit les marches, contenant quatre-vingts perches ou environ, tenant d'une part à Denis Champenoist, d'autre à d'autre à Jacques Remiot, d'un bout à M. de Neron, & d'autre bout audit Champenoist.

Item, une piece de terre audit terroir & lieu de Marchais, contenant trois quartiers ou environ, tenant d'une part à Denis Champenoist, d'autre à Pierre Laurens, d'un bout audit Champenoist, & d'autre audit sieur de Neron.

Item, une piece de terre scife audit terroir de Marchais, & audit lieu des marches, contenant cinquante perches ou environ, tenant d'une part à Gabriel Gery, d'autre à Marin Blestry, d'un bout audit Blestry, & d'autre bout à Denis Gery.

Item, une piece de terre scife audit terroir de Marchais, audit lieu des marches, contenant trois quartiers ou environ, tenant d'une part à Marin Blestry, d'autre à Marguerite Necquot, d'un bout aux terres de la ferme de Bailly, & d'autre bout à ladite Necquot.

Item, une autre piece de terre scife audit terroir de Marchais, & audit lieu des Marches, contenant dix perches ou environ, tenant d'une part à Marguerite Necquot, d'autre à Pierre Maurice, d'un bout à Marin Blestry, & d'autre bout à Marin Champenoist.

Item, une piece de terre scife audit terroir de Marchais, lieu dit le Paradis, contenant un arpent ou environ, tenant d'une part à Denis Champenoist, d'autre au chemin qui conduit à Plesnoy, d'un bout à Pierre Laurens, & d'autre bout à Jacques Remiot.

Item, une piece de terre scife audit terroir de Marchais, lieu dit le Paradis, contenant vingt perches ou environ, tenant d'une part à Marin Blestry, d'autre à Marguerite Necquot, d'un bout au chemin de Paradis, & d'autre bout aux Tournailles.

Item, audit terroir de Marchais une piece de terre, au lieu dit le Bois Boequeret, contenant soixante perches ou environ, tenant d'une part à Maurice Moreau, d'autre à Monsieur de Saluce, d'un bout au chemin, & d'autre bout à la rüe.

Item, une autre piece de terre scife audit terroir de Marchais, lieu dit les Pierres, contenant cinquante perches ou environ, tenant d'une part à Gabriel Poisson, d'autre part à Simon Laurens, d'un bout au chemin, d'autre bout aux tournailles.

Item, une autre piece de terre scife audit terroir de Marchais & audit lieu Desplerres, contenant soixante perches ou environ, tenant d'une part à la veuve Toussaint Gery, d'autre part à Toussaint Simon, d'un bout à Marguerite Necquot, & d'autre bout au chemin qui conduit à Marchais.

Item, une piece de terre scife audit terroir de Marchais, lieu dit les vieux préz, contenant trente perches ou environ, tenant d'une part au sieurs les Nolins de Chasteau-Thiery, d'autre à Denis Gery, d'un bout à Marguerite Necquot, & d'autre bout aux tournailles.

Item, une piece de terre scife audit terroir, lieu dit le pré Canna, contenant trente perches ou environ, tenant d'une part ausdits sieurs Nolins de Chasteau-Thiery, d'autre à Pierre Maurice, d'un bout à Denis Champenoist, & d'autre bout à la rüe.

Item, une piece de terre audit terroir de Marchais, lieu dit derriere la grange de la ferme, contenant soixante perches ou environ, tenant d'une part à Marguerite Necquot, d'autre à Denis Champenoist, d'un bout audit Champenoist, & d'autre bout au pré de la ferme.

Item, une piece de terre servant de pasturage scife audit terroir de Marchais, contenant douze perches ou environ, tenant d'une part à la Briqueterre, d'autre à Pierre Maurice, d'un bout à la chenée, & d'autre bout à la rüe.

Item, une piece de terre au terroir de Plesnoy parroisse de Marchais, au lieu dit le Chesnemaurice, contenant soixante-cinq perches ou environ, tenant d'une part au sieur de Neron, d'autre à plusieurs, & des deux bouts aux terres labourables.

Item, une autre piece de terre audit lieu de Plesnoy, & lieu dit la marche, parroisse de Marchais, contenant quatre-vingts seize perches ou environ, tenant d'une part à Roger-voyer d'autre à Jacques Cosson, d'un bout & d'autre aux préz.

Item, une autre piece de terre scife audit terroir de Plesnoy, lieu dit aux Rubeaux, Parroisse de Marchais, contenant vingt-six perches ou environ, tenant des deux costez à Martin Corret, d'un bout & d'autre aux préz.

Item, une autre piece de terre scife audit terroir de Plesnoy proche dudit lieu des Rubeaux susdite parroisse, contenant cent cinquante deux perches ou environ, tant terre que pré, tenant d'une part à René Cosson, d'autre à plusieurs, d'un bout aux préz, & d'autre aux Tournailles.

Item, une autre piece de terre scife audit terroir de Plesnoy, lieu dit la marche, contenant cent quinze perches ou environ, tenant d'une part au Seigneur de Plesnoy, d'autre au sieur Royer, d'un bout aux préz, & d'autre aux tournailles.

Item, une autre piece de terre audit terroir de Plesnoy, au lieu dit la marche, parroisse de Marchais, contenant cinquante trois perches ou environ, tenant d'une part à Jean Favier, d'autre audit Seigneur de Plesnoy, d'un bout aux préz, & d'autre aux tournailles.

Item, une piece de terre scife audit terroir de Plesnoy, lieu dit la marche, parroisse de Marchais.

chais, contenant vingt-neuf perches ou envi on, tenant d'une part audit Corret, d'autre à d'un bout aux prez & d'autre aux Tournailles.

Item, une autre piece de terre scise audit terroir de Plesnoy, audit lieu de la Marche, contenant cinquante-neuf perches ou environ, tenant d'une part au Seigneur de Montmirail, d'autre à Denis Parisis, & des deux bouts audit Seigneur de Montmirail.

Item, une piece de terre scise audit terroir de Plesnoy & lieu de la Marche, paroisse de Marchais, contenant quarante-sept perches ou environ, tenant d'une part audit Corret, d'autre aux hoirs Marin Bletry, & des deux bouts aux Tournailles.

Item, une autre piece de terre audit terroir de Plesnoy & lieu de la marche susdite paroisse de Marchais, contenant vingt-huit perches ou environ, tenant d'une part à Jacques Remiot, d'autre à l'Eglise de Marchais, d'un bout au sieur de Neron, & d'autre bout aux Tournailles.

Item, le fonds, tres-fonds, & proprieté du Fief & Seigneurie de Garlande, situé en la paroisse du Gault, Droits de justice Haute, moyenne & Basse, avec ses appartenances, circonstances & dependances, & autres Droits Seigneuriaux, garennes, bois & heritages.

Item, un moulin à eaue servant à moudre du bled assis sur la petite Riviere du petit Morin, au lieu dit le vieil Moulin, paroisse de Courbetost, consistant en un corps de logis appliqué en chambre, moulage garny de ses meulles moulantes & travaillants; estable & laitterie avec grenier dessus, le tout couvert de chaume, & une court devant non fermée; le tout contenant trois perches tout d'un tenant, tenant sa totalité desdits Moulin & Court d'un costé à ladite Riviere, d'autre costé à Marin Retif, d'un bout à la pasture cy-après, & d'autre bout au jardin dudit moulin suivant.

Item, ledit jardin contenant cinq perches ou environ, tenant d'une part à ladite maison & laitterie, d'autre à une friche appartenant aux Peres de la Mission de Fontaine Essarts, d'un bout à ladite piece de terre appartenant audit Retif, & à Nicolas le Beuf, & d'autre bout au petit chemin conduisant audit Moulin.

Item, une pasture estant devant la porte dudit chemin, contenant trois quartiers ou environ, tenant d'une part à ladite Riviere du petit Morin, d'autre & d'un bout ausdits Peres de la mission, & d'autre bout à la court dudit Moulin.

Item, une petite Aulnaye estant au derriere de la maison dudit moulin, contenant dix perches ou environ, tenant d'un costé & d'un bout à ladite Riviere du petit Morin, d'autre costé à Marin Retif, d'autre bout à Nicolas le Bon.

Item, une petite Isle en pointe estant derriere & au-dessus dudit Moulin, contenant quatre-vingts perches ou environ, tenant de toutes parts à ladite Riviere du petit Morin.

Item, un moreau de pré contenant seize perches ou environ, tenant d'une part à un bras de ladite Riviere du petit Morin, d'autre à Nicolas le Beuf, Jean le Febvre aux heritiers Barthelemy le Court, à la Fabrique de Courbetost, d'un bout à Remy Bouïn, & d'autre audit Bouïn.

Item, un petit islot estant au-dessus dudit Moulin tenant de toutes parts à l'eau de ladite Riviere du petit Morin.

Item, audit terroir de Courbetost, au lieu dit le clos au Bailly, cent vingt perches de terre ou environ, enclos des hayes vives de toutes parts, tenant d'une part à la veuve Gagnery, d'autre à d'un bout à la ruë qui conduit de Mont-daon à la grace, & d'autre bout à ladite veuve Gagnery.

Item, trente perches de terre scise audit terroir de Courbetost, au lieu dit au Chana, tenant d'un costé aux heritiers Pierre Cousin, d'autre a d'un bout à la veuve Gagnery, & d'autre aux heritiers Cousin.

Item, un demy arpent de terre scise audit terroir proche ledit lieu, tenant d'une part aux Peres de la Mission de Fontaine Essarts, d'autre à Nicolas le Bon, d'un bout au chemin qui conduit de Montmirail à la Bergeres, & d'autre a

Item, un demy arpent de terre scis audit terroir de Courbetost, au lieu dit, le Champ-Regnault, tenant d'une part à Jean Costerelle, d'autre à la veuve Olivier Cousin, d'un bout à Loüis Crappart, & d'autre bout à la grande ruë dudit Courbetost.

Item, vingt perches de terre ou environ scises audit terroir, au lieu dit les Cherneaux, tenant d'un costé à la ruë qui conduit de Mondaon aux vieux Moulins, d'autre a Loüis Crappart, d'un bout audit Champ-Regnault, & d'autre bout à Allain le long.

Item, un moulin à eaue servant à moudre du bled, appellé le moulin de Courte-Haye assis sur la Riviere du petit Morin paroisse de la Selle, consistant au bastiment dudit moulin, garny de ses meulles tournans & travaillans, avec Cuisine, Chambre & écurie, au bout duquel bastiment est une estable à vaches, & un toict à porcs, le tout couvert partie de Thuille, & partie de chaulme, une court au devant dudit moulin, au derriere duquel est une place qui sert aussi de court avec lesdits bastimens, contenant le tout trente perches ou environ, tenant d'une part à ladite Riviere du petit Morin, d'autre au jardin dudit moulin, & à une piece de pré appartenant à Michel Champenois, d'un bout à un bras de la riviere du petit Morin, & d'autre bout audit Champenois.

Item, ledit petit jardin estant au derriere dudit moulin contenant six perches ou environ, tenant d'une part au bras de la riviere cy-devant declaré d'autre audit Champenois, d'un bout à la cheneviere dudit moulin, d'autre bout à ladite place estant au derriere dudit moulin.

Item, une piece de terre, partie en cheneviere, partie en pré scise au dessous dudit jardin, contenant vingt perches ou environ, tenant d'une part & d'un bout à ladite riviere du petit Morin, d'autre part audit Champenois, & d'autre audit Jardin.

Item, un pré dans lequel il y a un taillis d'Aulne, scitué au terroir de vandieres, appellé le gain de Courtehaye, contenant trois arpens ou environ, tenant d'une part au chemin qui conduit dudit Moulin à Monteny, d'autre & d'un bout à la riviere du petit Morin, d'autre bout aux Seigneurs de Pommesson, & de Cormont.

Item, une piece partie en terre labourable & partie en pasturage scise au terroir de la Selle proche les Chaliots de vinest, contenant soixante perches ou environ, tenant d'un costé au chemin qui conduit dudit moulin à Monteny, d'autre aux préz de la Chapelle de Pommesson & autre, d'un bout à ladite riviere du petit morin, & d'autre bout audit sieur de Pommesson.

Item, un petit pré scitué, partie en l'Isle de courtehaye, & partie vis-à-vis ladite Isle au travers duquel passe l'ancienne riviere du petit morin, tenant d'un costé hors ladite Isle aux préz de la ferme de Montvinault, d'autre en ladite Isle Iean Patou, & des deux bouts à ladite riviere.

Item, une autre piece de pré en la prairie de la Selle, paroisse dudit lieu de la Selle, au lieu dit Linuille, contenans trois arpens ou environ, tenant d'une part aux préz de la ferme de Montvinault, d'autre au sieur Desgranges, de Ville-Fontaine, d'un bout à la riviere du petit Morin, & d'autre au sieur de Cormont & autres.

Item, une autre piece de pré scituée dans le bras & paroisse de la Selle, contenant quatrevingts perches ou environ, tenant d'une part au sieur de Pommesson, d'autre à Claude Petit, & des deux bouts à la Riviere du petit Morin.

Item, un demy arpent de terre ou environ scise audit terroir de Monteny, au lieu dit Auron, tenant des deux costez au champ de Chauron, d'un bout aux terres de Montbout & d'autre à

Item, soixante perches de terre ou environ scise audit terroir de Monteny, au lieu dit le loup pendu, tenant d'un costé au sieur de Montbout, d'autre à Vallentin Rousseau, d'un bout au chemin qui conduit de l'estang de Monteny à Montbout, & d'autre aux tournailles.

Le tout saisy & mis en criées à la Requeste dudit Gallois sur Messire François Michel le Tellier, Chevallier, Marquis de Louvois & de Courtenuau, Conseiller du Roy en ses Conseils, Commandeur & Chancellier de ses Ordres, Secretaire d'Estat & des Commandemens de sa Majesté, comme à luy appartenant au moyen de l'acquisition qu'il en a faite par contract passé pardevant Guichart & Gallois, Notaires au Chastelet de Paris le vingt-septiéme Avril mil six cens soixante dix-huit de Dame Renée Iulie Aubry, veuve de feu Messire Louïs de la Trimouïlle Duc & Pair de France, Marquis de Noir-Mouftier, Baron de Montmirail Conseiller du Roy en ses conseils, Lieutenant general de ses armées, au nom & comme tutrice de Messire Ioseph de la Trimouïlle, Abbé de Noir-mouftier, & de Damoiselle Louïse Angelique de la Trimouïlle enfans mineurs dudit Seigneur de Noir-mouftier & de ladite Dame sa veuve, & de Messire Antoine François de la Trimouïlle Duc de Noir-mouftier, lesdits Messires Antoine François de la Trimouïlle, sieur Abbé de Noirmouftier, & Damoiselle Louïse Angelique de la Trimouïlle, freres & sœur, enfans & seuls heritiers par benefice d'Inventaire dudit deffunt Seigneur, Duc de Noir-mouftier leur pere, au moyen de la renonciation faite aux successions dudit feu Seigneur Duc de Noir-mouftier & de ladite Dame Duchesse de Noir-mouftier, tant par Madame la Duchesse de Bracciano fille desdits Seigneurs & Dame, Duc & Duchesse de Noir-mouftier par son contract de Mariage du                    passé pardevant
que par Madame la Marquise de Royan aussi fille desdits Seigneur & Dame, Duc & Duchesse de Noir-mouftier, par acte passé pardevant Doyen & Mousnier Notaires à Paris, le vingt-sixiéme jour de Mars dernier mil six cens soixante dix-huit, & encore lesdits Seigneur Antoine François de la Trimouïlle, sieur Abbé de Noirmouftier, & Damoiselle Louïse Angelique de la Trimouïlle, seuls heritiers aussi par benefice d'Inventaire, de deffunts messires Robert & Henry de la Trimouïlle leurs freres, qui ont aussi esté heritiers dudit Seigneur, Duc de Noir-mouftier leur pere, & ledit Henry pareillement heritier en partie dudit Robert premier decedé, & suivant l'avis de Messieurs les parens desdits mineurs homologué par sentence renduë au Chastelet de Paris, le trois Mars dernier audit an, mil six cens soixante dix-huit, estant aux Registres de Coudray Greffier, & encore desdits Dame Duchesse de Noir-mouftier, & sieur Duc de Noir-mouftier en leurs propres & privez noms, ledit contract passé en la presence de Messire François Marie de l'Hospital, Duc & Pair de France, Marquis de vitry, Conseiller d'Estat, au nom & comme subrogé tuteur desdits mineurs, ausquels Seigneur & Dame enfans & heritiers Beneficiaires dudit deffunt Seigneur Duc de Noir-mouftier, le tout appartenoit tant par sa succession, que par celle desdits sieurs leurs freres cy-devant nommez, ainsi qu'il a esté acquis par iceluy deffunt Seigneur Duc, & ladite Dame son espouse, pendant leur communauté, à laquelle communauté ladite Dame

Duchesse a renoncé, de Messire Pierre de Gondy Duc de Rets, Pair de France, & Dame Ca-
therine de Gondy son espouse, par contract passé pardevant Galloys & le Caron Notaires audit
Chastelet le quatriéme jour de Iuin mil six cens cinquante-cinq, auquel Seigneur Duc de
Rets ladite Baronnie & dépendances appartenoient, tant comme fils aisné & principal heritier
de Dame Françoise Marguerite de Silly sa mere, au jour de son decedz espouse de Messire
Philippes Emmanuel de Gondy General des Galleres de France, qu'au moyen de la Transaction
faite entre ledit Seigneur Duc de Rets, & monsieur le Cardinal son frere sous seings, les
dix & dix-sept Mars mil six cens quarante-deux, à l'exception de ladite maison appellée la
Clef, & de ladite rente de trois cens cinquante livres, laquelle rente a esté constituée par
lesdits Habitans de Montmirail, au profit dudit feu sieur Duc de Noirmoustier, & ladite maison de la Clef a aussi esté par luy acquise du sieur Abbé de saint Iean des Vignes de Soissons,
moyennant six mil livres qui seront employez en un fonds au profit de ladite Abbaye, & à
la charge d'en payer cependant l'interest audit sieur Abbé à raison du denier vingt, outre la
redevance d'une dixme appellée la dixme de Monteny remise à ladite Abbaye par ledit Contract d'acquisition; de laquelle maison appellée la Clef en a esté vendue une portion au nommé Fagot par ledit feu sieur Duc de Noirmoustier, laquelle portion n'a esté comprise en la
vente faite audit sieur de Louvois, non plusque l'estang appellé l'estang de Vergis scitué dans
la Forest de Vieux-maisons, & quelques arpents de terre de valeur de trois à quatre cens livres qui ont esté donnez pour recompense de services au nommé Huchet domestique dudit
feu sieur Duc de Noirmoustier, ny pareillement un arpent de Vignes de valeur de deux cens
cinquante livres qui a esté donné à Denis Chatton, comme aussi une rente de sept livres dix
sols remboursée par Charles Vilmart, dont le principal estoit de deux cens cinquante livres,
une autre rente du nommé Doucival, dont le principal se montoit à dix-huit cens livres, laquelle a esté rachetée. Plus la rente de la Forte maison de Mollevon, dont le principal se
montoit à trois cens livres qui a aussi esté rachetée, plus le cens du Moulin d'Aigremont de
vingt sols ou environ de redevance par an, qui a aussi esté racheté & admorty; Plus dix
sols de sur cens par an, & quelques menus cens admortis & remis aux Peres de la Mission,
moyennant quelque portion de pré qu'ils ont données prez le moulin de Vieux-moulins. Plus
l'Oseraie des ruës qui a esté venduë au nommé Perrot. Lequel Contract de vente fait audit
sieur de Louvois a esté accepté par Messire François Marie de l'Hospital Duc & Pair de France, Marquis de Vitry & d'Arc en Barrois, Comte de Chasteau-Villain Conseiller d'Estat au
nom & comme Subrogé tuteur desdits mineurs désnommez audit Contract de vente, sans
aucune chose desdites terres, appartenances, dependances, & annexes excepter ny reserver, lesdites saisies Réelles faites par procez verbaux dés unze, douze & treize Aoust audit an mil six
cens soixante-dix-huit, à faute de payement de la somme de douze mil livres que ledit sieur
Marquis de Louvois a esté condamné de payer audit Galloys par Arrest de ladite Cour du
vingt-cinq May audit an, mil six cens soixante-dix-huit, & ainsi que lesdites terres, Baronnie
& Chastellenie de Montmirail, Fiefs de Nesle & de Garlande, avec toutes leurs appartenances, dependances, & annexes, ladite maison de la Clef, & ladite rente de trois cens cinquante livres & autres choses cy-dessus exprimées sont contenues par lesdits procez verbaux des saisies
Réelles & des Criées faites en consequence. Ladite terre, Baronnie & Chastellenie de Montmirail mouvante en plein Fief, foy & Hommage du Roy à cause de sa grosse Tour du Lou-
vre, ledit Fief de Garlande aussi mouvant du Roy à cause de sa Chastellenie de Sezanne, & ledit Fief de Nesle ses appartenances & dépendances mouvant en plein Fief du Seigneur des Bordeaux à la charge des rentes qui ensuivent: Sçavoir, envers le sieur Prieur dudit Montmirail
de quatre muids de Bled, quatre muids d'Avoine, cinquante-huit livres en argent, & la couppe
de deux arpens de bois Taillis le tout par an, envers le sieur Prieur de Monrelean, de cent livres,
envers le sieur Prieur de Montvinault de vingt livres envers les Religieuses d'Antecy, de cinquante sols, envers les Religieux du Reclus de soixante sols, envers les Religieux de Coincy, de dix
livres, le tout de rente par chacun an, sauf neanmoins à faire justifier par ceux qui pourront pré-
tendre lesdites Charges & Rentes qu'elles leurs soient deuës, & encore à la charge de soixante
sols de rente envers les Religieux du Val-Secret ladite Rente fonciere, annuelle, & perpetuelle,
écheant au jour saint Martin d'Hyver, à prendre sur les deniers de la Recepte de ladite Baronnie
de Montmirail, & aussi à la charge par l'Adjudicataire de fournir & délivrer aux Prestres de
la Congregation de la Mission establis à Montmirail à cause de l'Hostel Dieu dudit Montmirail
uny à la maison de ladite Mission, la couppe de deux arpens de bois Taillis à prendre dans les
bois qui seront couppez annuellement & iceux estre délivrez ausdits Prestres de la Congregation
de la Mission en la maniere accoustumée, & encore à la charge de payer par l'Adjudicataire la
somme de six mil livres pour estre employée en un fonds au profit de ladite Abbaye de saint
Iean des Vignes de Soissons, & cependant d'en payer l'interest à raison du denier vingt au
sieur Abbé de ladite Abbaye, comme il est dit cy-devant, & conformement aux Contracts
& Transaction des dernier Iuillet mil six cens soixante & un, & vingt-sept Iuin mil six cens
soixante-quatre; suivant les Arrests de ladite Cour dés dix, dix-huit, & vingt-un Mars audit
an mil six cens soixante-dix-neuf, comme aussi à la charge de l'evenement, & sans prejudice de

l'oppofition formée aufdites faifies & criées par Meffire François Marchand Prêtre, Chanoine
Regulier de l'Ordre de faint Augustin, Bachelier en Theologie, Religieux de l'Ordre de faint Iean
de Soiffons, Prieur de faint Eftienne de Montmirail, & curé de la ville dudit Montmirail à ce qn'il
foit maintenu & confervé en la poffeffion & jouïffance de prendre & percevoir chacune année
au jour du Mercredy des Cendres fur le minage dudit Montmirail lefdits quatre muids de bled fro-
ment, & quatre muids d'avoine mefure de Montmirail, cinquante liv. de rente en argent, que ledit
Marchand prétend avoir efté conftituée par les Seigneurs de Montmirail pour recompenfe des
droits Seigneuriaux que les Prieurs & Curez dudit Montmirail ont abandonnés & delaiffez aux
Seigneurs dudit Montmirail, huit livres auffi de rente, d'aute pout le furcens du Iardin & Bouti-
que à Poiffon dépendant de ladite Baronnie de Montmirail, de la couppe de deux arpens de
bois taillis, à choifir dans ladite foreft de Rouge-foffé & Beaumont dependante de ladite Baronnie, & de prendre & percevoir auffi chacun an quatre piece de vin avec les fuftailles des
vignes de la Iuiverie ; à ce que ladite terre & Baronnie de Montmirail ne puiffe eftre venduë
ny adjugée finon à la charge par ceux qui fe rendront adjudicataires de tout ou de partie, & leurs
Succeffeurs de payer & continuer audit fieur Prieur, Curé de Montmirail & fes Succeffeurs
lefdites redevances & droits de la qualité qu'ils font aux jours & lieux qu'ils font deus, & en la
forme qu'ils fe payent, & ce fuivant & conformément à l'arreft de la Cour du quatorze Mars 1679,
& encore à la charge de lévement des oppofitions formées aufdites faifies & criées, l'une par
Meffire Godefroy de la tour d'Auvergne, Duc de Boüillon, d'Albret, & de Chafteau-Thiery,
pair & grand Chambellan de France, Comte d'Auvergne & d'Evreux, Vicomte de Turenne,
Gouverneur & Lieutenant general pour le Roy, du haut & bas Auvergne, en premier lieu, à ce
que diftraction foit faite defdites faifie & criées, du droit de patronage, garde & collation de la
Chapelle de faint Thibault du Chafteau de Chafteau-Thiery, que ledit fieur Duc de Boüillon
prétend luy appartenir ainfi que tous les autres patronages & collations laïques & gardes de
toutes les autres Eglifes de fondit Duché de Chafteau-Thiery, & luy avoir efté donnez en
efchange par le Roy, par le contract d'efchange des fouverainetez de Sedan, & Raucourt ve-
rifié en la Cour. En fecond lieu, à ce que la qualité de Seigneur de Nefle donnée audit fieur
de Louvois par ladite faifie & criées, & le nom du fief de Nefle qui y eft employé en foient
diftraits rayez & biffez ; & qu'au lieu dudit fief de Nefle, il fera employé le fief de Iean de
Brie, fcis à Nefle, fes appartenances & dépendances, à la charge que l'adjudicataire dudit fief
ne fe pourra dire Seigneur de Nefle, mais feulement Seigneur du fief Iean de Brie, fcis à Nefle,
dautant que ledit fieur de Boüillon prétend que l'Eglife Parroffiale de Nefle & le village, en-
femble la haute, moyenne, & baffe juftice dans lefdites Eglifes & village, & dans toute l'éten-
duë de la Parroiffe de Nefle luy appartient & à fes Vaffaux, non pas à fes arriere-vaffaux,
& que de tout temps le fief dont il s'agit & appellé le fief Iean de Brie, fcis à Nefle. En
troifiéme lieu, à ce que diftraction foit pareillement faite de ladite faifie réelle & criées de la
haulte, moyenne, & baffe juftice, dans l'eftenduë dudit fief Iean de Brie fcis à Nefle, fes appartenances & dépendances, comme appartenant audit fieur Duc de Boüillon, à caufe de
fondit Duché de Chafteau-Thiery, dont il eft en poffeffion, luy ayant efté donné en valeur par
l'évaluation dudit Duché, dans l'eftenduë duquel ledit fief Iean de Brie fe trouve fitué, & en
releve en arriere-fief. En quatriéme lieu, à ce que le fonds & proprieté de la Riviere de Chafteau-Thiery, commençant à l'endroit du petit clocher faint Crefpin, parroiffe de Chafteau-
Thiery, jufques au pertuis de l'Abbaye de Chezy, la haulte, moyenne, & baffe-juftice, les ifles
iflots, Ianeaux, bacs, atteriffemens, accroiffemens, baftardeaux, chantiers, nacelles, & autres
circonftances & dépendances dudit fonds de la riviere, & qui dépend de la juftice, foient pareillement diftraits de ladite faifie réelle & criées, comme appartenans pareillement audit
fieur Duc de Boüillon à caufe de fondit Duché de Chafteau-Thiery, & luy ayans efté donnez en valeur par l'évaluation faite des revenus d'iceluy par les Commiffaires de la Chambre
des comptes, à ce députez & commis par le Roy. En cinquiéme lieu, à ce que la pefche de
ladite riviere de Chafteau-Thiery dans l'efpace & eftenduë cy-deffus foit pareillement dif-
traite defdites faifie réelle & criées, comme n'ayant jamais appartenu, à ce que prétend ledit
fieur Duc de Boüillon, & ne faifant point partie de ladite Baronnie de Montmirail, ains dudit
fief Iean de Brie, fes apartenances & dépendances, lequel fief Iean de Brie releve dudit fieur
Duc de Boüillon, à caufe de fondit Duché de Chafteau-Thiery, & outre pour eftre confervé
en fes vaffaux chacun endroit foy. Vne autre par Hierofme Thiery Huiffier de la Chambre de la
Reyne, à ce que diftraction foit faite à fon profit de 64. perches de vignes affifes au terroir dudit
Montmirail, enclofes dans le parc dudit monmirail, tenant d'un cofté autrefois à Michel de Chape-
noift, Chirurgien à Montmirail d'un bout aux murailles du parc, d'autre à laifance ou fentier des vignes, lefdits heritages prétendus affectez & hypotequez à la fomme de foixante-quinze l. de rente
conftituée par Claude Pauftrau & Louife Defrates fa femme par contract du vingt-fix
Novembre mil fix cens cinquante au profit de Dame Louife de Fileau, lefdites vignes & terres
diftraites de la faifie réelle qu'en avoit fait faire lefieur Berry, & Madamoifelle Charlotte de Chan-
temer fa femme, fille de ladite Fileau par fentence du Iuge de Montmirail du ving-deux De-
cembre mil fix cens foixante-trois au profit d'Eftienne Goger, & depuis les heritages de

Guerpis

ij

Guerpis fur la pourfuite en declaration d'hypoteque faite par requefte dudit Thiery & fa femme parledit Goger au profit dudit Thiery & fa femme, par acte en forme de Tranfaction du dernier Mars 1666. (Vne autre par meffire François de Nefmond, Confeiller du Roy en fes Confeils, Evefque de Bayeux, Abbé de l'Abbaye de faint Pierre de Chezy, à ce que la vente & Adjudication de ladite terre de Montmirail ne foit faite qu'à la charge du droit de pefche, que ledit fieur Abbé de Chezy, & les Religieux de ladite Abbaye pretendent avoir en la Riviere de Marne, depuis la Chauffée de Chafteau-Thiery jufques au bas de Charly, & ce à deux Nacel-les, Filets, & tous engins & harnois licites (& une autre par Damoifelle Marie de Drappieres vetve de Samuel de Ponce vivant Efcuyer, Seigneur de Flaix, foy difante Dame des Bordeaux & de Nefle, à ce qu'en premier lieu lefdites faife Réelle & Criées foient reformées, & que dans icelles au lieu que ledit Fief eft denommé & qualifié le Fief de Nefle, il foit feulement denommé & qualifié dans lefdites faife Réelle & Criées, le Fief Iean de Brie fcis à Nefle & Par-roiffes voifines, fes appartenances & dépendances, & à la charge que l'Adjudication dudit Fief ne pourra fe dire ny prendre qualité de Seigneur de Nefle en partie ny pour le tout, attendu que la-dite Damoifelle de Flaix pretend eftre Dame de Nefle en qualité de Dame des Bordeaux, & qu'en cette qualité la Haute juftice luy appartient, notamment dans ledit Fief Iean de Brie dont elle fe dit Dame fuzeraine à caufe de fon Chaftel & Seigneurie des Bordeaux, En fecond lieu, à ce que lefdites faife Réelle & Criées foient pareillement reformées, ce faifant que la Riviere de Chafteau-Thiery, à commencer à l'endroit du petit clocher de faint Crefpin dudit Chafteau-Thiery, jufques au petuits de Chezy l'Abbaye, Droits de pefche, Ifles & Iflots d'icelle, Iuftice moyenne & baffe fur le tout, leurs circonftances & dépendances foient diftraits de ladite faifie Réelle & Criées de la Baronnie de Montmirail, & foient compris en celle dudit Fief de Iean de Brie au-quel ils feront confervez comme faifant partie d'iceluy, & la totalité dudit Fief eftant mouvant & relevant en plein Fief, foy & hommage de ladite Damoifelle de Flaix à caufe de fon Chaftel, & Seigneurie des Bordeaux; Et en troifiéme lieu, à ce que diftraction foit faite à ladite Damoi-felle de Flaix audit nom de la haute Iuftice fur lefdites Riviere, Ifles, Iflots, circonftantes & dépendances en toute l'eftenduë dudit Fief Iean de Brie, & des Droits dépendans de la haute Iuftice compris dans lefdites faifie Réelle & Criées, comme ladite haute Iuftice & Droits en dependans appartenans à ladite Damoifelle de Flaix en ladite qualité de Dame des Bordeaux, en laquelle qualité elle pretend eftre Dame Suzeraine dudit Fief Iean de Brie le tout fuivant & conformément aux Arrefts de ladite Cour, des quatriéme quatorziéme, dix-huitiéme & vingtiéme iour de Mars audit an mil fix cens foixante dix-neuf, & en confequence des Arrefts de ladite Cour des vingtiéme iour de Ianvier & quatorziéme Mars de ladite année : le premier rendu entre Meffire Loüis de Meffemé Chevallier, Seigneur d'Artonges oppofant aufdites Criées, à ce que l'Adjudication par Decret de ladite terre ne fuft faite finon à la charge par l'Adjudicataire de payer audit fieur de Meffemé les cens, fur-cens, & couftumes qui luy peuvent eftre deus, & principalement pour les terres de la ferme de Rouge-Foffé qui font dans la Sei-gneurie d'Artonges, d'une part, & ledit Gallois pourfuivant lefdites Criées, & ledit fieur Mar-quis de Louvois partie faifie, défendeurs d'autre; Par lequel la Cour, après la declaration dudit Galloys qu'il entendoit faire faire l'Adjudication par Decret de ladite Terre, Baronnie & Cha-ftellenie dudit Motmirail à la charge des cens, Droits & devoirs Seigneuriaux, fi aucuns font deubs fur l'oppofition dudit fieur de Meffemé pour le droit de cens par luy pretendu a mis les par-ties hors de Cour & de procez, & a debouté ledit fieur de Meffemé du fur plus de fon oppofi-tion. Et le fecond rendu entre les Habitans de la Parroiffe de Courboüin oppofans aufdites faifie & criées, attendu qu'on avoit mis dans lefdites criées que le moulin à bled de la Foffe appartenant au Seigneur de Montmirail à droit de Banvalité fur lefdits Habitans de Cour-boüin, mefme que ledit Seigneur de Montmirail a droit de Corvées fur lefdits Habitans fes fujets, d'autant qu'iceux Habitans auroient dit n'avoir aucune connoiffance dudit droit de Ban-nalité, non plus que d'eftre fujets à aucunes corvées, ce qu'ils auroient empefché formellement d'une part, & ledit Gallois pourfuivant lefdites criées, & ledit fieur Marquis de Louvois partie faifie, défendeurs d'autre; Par lequel la Cour a donné acte aux parties du defiftement fait par lefdits Habitans de ladite oppofition, & en confequence ordonné, que fans s'arrefter à icelle op-pofition, il fera paffé outre en la Cour à le vente & Adjudication par Decret de ladite Terre, Baronnie & Chaftellenie de Montmiral ; & dépendances en la maniere accouftumée, & outre à la charge des cens, droits & devoirs Seigneuriaux & Feodeaux ordinaires & accouftumez, & ce fur l'enchere de Maiftre Pierre Boiffeau Procureur en ladite Cour & dudit Gallois de la fomme de deux cens mil livres pour une fois payer & diftribuer à qui il appartiendra, à ce que fi aucuns pretendent s'y vouloir oppofer ou encherir ils ayent à fe retirer au Greffe de ladite Cour pen-dant la quinzaine, laquelle paffée fans fans remife fera le decret delivré.

CE qui fera dans le *dixfeptiefme* jour dudit mois de Iuin prochain publié en Iugement, les Audiances tenantes à l'ancien Chaftelet de Paris, Bailliage de Chafteau-Thiery, & de Se-zanne & Prevofté de Trefols, & aux Iuftices de Montmirail, Moleyon, Monthelean, Attonge &

D

Vauchamp, dont les Greffiers bailleront certificats, & par un Huiſſier ou Sergent Royal publié à
ſon de trompe ou de tambour aux marchez deſdites Villes de Chaſteau-Thierry, Sézanne &
Montmirail, & affiches y miſes, & aux portes des auditoires deſdits lieux, enſemble aux lieux
ſaiſis, ſignifié & baillé coppie tant au Procureur dudit Sieur Marquis de Louvois, partie ſaiſie
ou oppoſans afin qu'ils y faſſent trouver des encheriſſeurs ſi bon leurs ſemble, & qu'ils n'en
pretendent cauſe dignorance, & outre par les Curez ou Vicaires des Parroiſſes des biens ſaiſis
& aux Egliſes des Parroiſſes proches à jour de Dimanche au Prône des grandes Meſſes eſdites
Egliſes, & à l'iſſuë d'icelles par ledit Huiſſier ou Sergent Royal à cry public, & contre les portes
deſdites Egliſes, affiches miſes, enſemble à la Barre de ladite Cour, Portes du Palais, de l'ancien
& nouveau Chaſtelet, & aux portes de S. Antoine, S. Martin & du Temple, Faux bourgs de
cette Ville de Paris, par leſquels l'on va & vient ſur leſdits lieux ſaiſis, & le tout rapporté au
Greffe de ladite Cour, huitaine avant le jour aſſigné à publier à l'Audiance.

*[signatures et annotations manuscrites]*

Le Dimanche quatrieme jour may mil ſix cens ſoixante dix neuf
auquel de Dieu le jour au devant declaré a eſté Lou
au proſné de la Meſſe de Paroiſſe t'appelle dudit le Ti publiée
en l'egliſe parroiſſial de S Geruais l'anciennes par Moy
preſtre Curé de ladite parroiſſe ſouſſigné

*Fontaine*

# LE DROIT EN TABLEAUX SYNOPTIQUES
## Par A. WILHELM

**Le Droit romain résumé en tableaux synoptiques.**
Matières de l'Examen de première année (7e *édition*, revue et annotée).......... 2 fr. "
Matières de l'Examen de deuxième année (5e *édition*, revue et annotée)......... 2 fr. "

**Le Droit civil résumé en tableaux synoptiques.**
Matières de l'Examen de première année (8e *édition*)........................... 1 fr. 50
Matières de l'Examen de deuxième année (6e *édition*)........................... 1 fr. 50
Matières de l'Examen de troisième année (5e *édition*).......................... 1 fr. 50

**Le Droit criminel résumé en tableaux synoptiques.**
Matières de l'Examen de première année. — *Code pénal*. — *Code d'instruction criminelle*
(4e *édition*)................................................................ 1 fr. 50

**La Procédure civile résumée en tableaux synoptiques.**
Matières du deuxième Examen (Art. 48 à 516 du Code de procédure) (3e *édition*).. 1 fr. 50

**Le Droit commercial résumé en tableaux synoptiques.**
Matières de l'Examen de troisième année (3e *édition entièrement refondue*)...... 2 fr. "

**L'Histoire du Droit résumée en tableaux synoptiques.**
Matières de l'Examen de deuxième année (2e *édition*)........................... 1 fr. 50

**Le Droit international résumé en tableaux synoptiques.**
Matières de l'Examen de troisième année........................................ 2 fr. "

**Le Droit administratif résumé en tableaux synoptiques.**
Matières de l'Examen de troisième année....................................... 2 fr. "

**L'Économie politique résumée en tableaux synoptiques.**
Matières de l'Examen de première et deuxième année............................. 1 fr. 50

# LES CODES FRANÇAIS
ÉDITION PORTATIVE disposée spécialement pour la serviette. — Edition 1891
1 cahier in-4° — Reliure souple en toile anglaise : **5** fr.

## LES CONSTITUTIONS MODERNES
RECUEIL DES CONSTITUTIONS ACTUELLEMENT EN VIGUEUR DANS LES DIVERS ÉTATS D'EUROPE, D'AMÉRIQUE
ET DU MONDE CIVILISÉ. PAR F. R. DARESTE ET P. DARESTE. — 2 vol. in-8°.
*(Deuxième édition entièrement refondue)*

**Etude sur la Vénalité des Charges et Fonctions publiques** et des Offices ministériels,
par P. LOUIS-LUCAS, Dr en Droit, professeur à la Faculté de Dijon. — 3 gros in-8°. **60** fr. "
**Etude sur les Cédules hypothécaires**, par JULES CHALLAMEL, Docteur en Droit, avocat
près la Cour d'appel. — In-8°..................................................... **6** fr. "
**Etude sur le régime hypothécaire de la ville de Brême**, — par JULES CHALLAMEL.
(Extrait du *Bulletin de la Société de Législation comparée*). — In-8°............. **2** fr. "
**L'Hypothèque judiciaire.** Etude critique de législation française et étrangère (*prix Rossi*),
par JULES CHALLAMEL. — In-8°..................................................... **6** fr. "
**Des procédés de mobilisation de la propriété foncière**, expérimentés ou proposés en
France ou à l'Etranger, par JULES CHALLAMEL. — Br. in-8°.......................... **1** fr. **25**
Loi du 30 mars 1887. **Sur la conservation des monuments historiques et des objets
d'art.** Etude de législation comparée par JULES CHALLAMEL. — In-8°............... **2** fr. "
**Dictionnaire de la Législation Algérienne.** Code annoté et Manuel raisonné des lois,
ordonnances, décrets, etc., 1830-1872, publiés au *Bulletin officiel* du gouvernement de l'Algérie,
par P. de MENERVILLE, *Président à la Cour d'Alger*. — 3 vol. in-8°............. **35** fr. "
**Le Code Algérien**, Recueil annoté des lois, décrets, etc., de 1872 à 1878 (suite au *Dictionnaire de
Ménerville*), par H. HUGUES, *Conseiller à la Cour d'Alger*, et P. LAPRA, *Juge.*—In-8° **12** fr. "
**Les Codes Français et Algériens comparés** (Code civil et Code de procédure civile), par
L. ROUIRE, avocat à Oran. — In-8°............................................... **12** fr. "
**Traité élémentaire du Droit musulman algérien** (Ecole malékite), par L. ZEYS,
Président de Chambre à la Cour d'Alger. — 3 vol. gr. in-8°....................... **15** fr. "
**Précis de Jurisprudence musulmane**, par KHALIL-IBN-ISHAK. Traduit et annoté par
le Docteur PERRON. — 7 vol. gr. in-8°. (Exploration scientifique de l'Algérie.)... **100** fr. "
**Droit musulman malékite.** *Examen critique de la traduction qu'a faite M. Perron au
livre de Khalil*, par F. CADOZ. — In-8°.......................................... **5** fr. "
**Initiation à la science du Droit musulman**, par CADOZ. — 1 vol. in-8°.. **3** fr. **50**
**Le Code musulman**, par SIDI-KHALIL, Rite malékite. — Statut réel (*texte arabe et nouvelle
traduction*), par N. SEIGNETTE, interprète, licencié en Droit. — Fort vol. in-8°. **25** fr. "
**Origine, formation et état actuel de la propriété en Algérie**, par EUG. ROBE, avocat
à la Cour d'Alger, préface par RODOLPHE DARESTE, membre de l'Institut. — In-8°. **3** fr. **50**
**Organisation de la Justice et du Notariat musulman**, et *Législation applicable en Algérie aux Musulmans*, par CH. MENNESSON, Président du tribunal de Bel-Abbès. In-8°. **8** fr. "
**Législation de la Tunisie**, recueil des lois, décrets et règlements en vigueur au 1er janvier 1888,
par F. BOMPARD, ancien secrétaire général du Gouvernement Tunisien. — In-8°. **20** fr. "

Bar-le-Duc. — Typ. Schorderet et Cᵉ — 2038

# DE L'OTITE EXTERNE

## ET SES COMPLICATIONS

PAR

### Le Dʳ BONNEMAISON

Professeur-adjoint de clinique médicale à l'Ecole de Médecine,
Chirurgien en chef à l'Hôtel-Dieu de Toulouse,
Membre correspondant de la Société Médicale des Hôpitaux de Paris,
Membre de l'Académie des Sciences, de la Société de Médecine de Toulouse, etc.

## TOULOUSE

IMPRIMERIE Louis & Jean-Matthieu DOULADOURE
39, Rue Saint-Rome, 39.

1875.

# NOTES SUR L'OTITE EXTERNE ET SES COMPLICATIONS

On observe communément des inflammations du conduit auditif externe qui se terminent d'une manière favorable, et à propos desquelles il est rare que l'on songe à porter un pronostic fàcheux. Cette bénignité qui constitue la règle n'est pas cependant sans exception, et l'on voit quelquefois de graves accidents survenir par le fait et dans le cours de cette maladie ; nous allons citer un exemple d'une des plus redoutables complications que l'on puisse observer en pareil cas.

Le 12 juin 1874, entrait dans le service de la clinique médicale de l'Hôtel-Dieu le nommé X..., âgé de vingt-cinq ans environ, robuste et d'une constitution qui paraissait indemne de toute tache diathésique; il n'existait, chez le malade, aucun antécédent pathologique ; il n'existait, chez lui, aucune intoxication alcoolique, saturnine ou autre; il se plaignait seulement de douleurs assez vives dans l'oreille droite et d'une surdité légère ; il n'attribuait ces accidents qu'à l'influence d'un bain ordinaire tiède qu'il avait pris, huit jours avant son entrée. A l'examen, on constate : de la fièvre avec chaleur à la peau, un gonflement assez considérable dans l'intérieur du conduit auditif externe, ains qu'un écoulement de matière purulente, louable, asse

Extrait de la Revue Médicale de Toulouse.

MAI 1875

» Les montagnes qui dominent cette petite ville sont assez
» élevées. De l'une d'elles, l'œil découvre à l'horizon le Ca-
» nigou, toute la chaîne des Pyrénées (qui va de Porvendre à
» Bayonne), les montagnes de Bigorre et le pic du Midi, la
» ville de Toulouse, la montagne Noire et la Méditerranée. »

C'est au pied de ces montagnes, entre la route et la rivière, que sourdent des sources d'eau thermale et minérale,
dont l'efficacité, contre certaines maladies, est connue des
médecins de la contrée et mérite d'être signalée à ceux de
toute la France.

Les Romains avaient fondé, à Alet, un établissement du-
rable ; ils y avaient construit des thermes et un temple dédié
à Diane (1), et en avaient fait un chef-lieu de district qu'ils
appelaient *Pagus Electensis* (2). C'est sans doute l'ancien
nom celtique latinisé. L'abbaye que les comtes de Barce-
lonne y firent construire dans le viiie siècle acquit une telle
importance que le pape Jean XXII fit de ses dépendances
trois évêchés, en 1318.

Les bains d'Alet tombaient en ruines ; on n'y voyait que
trois grandes piscines où l'on se baignait en commun, et
ces thermes étaient menacés d'une désertion complète lorsque le propriétaire actuel en fit l'acquisition, et depuis lors
cet établissement a subi une transformation totale.

Les eaux d'Alet sont parfaitement transparentes et lim-
pides. Elles sourdent au pied d'une énorme roche calcaire et
se subdivisent en plusieurs filets, dont quelques-uns se per-
dent dans la rivière. Les filets d'eau que l'on a recueillis,
dans trois piscines, donnent un volume de 21,000 litres par
24 heures, quantité suffisante pour 120 bains par jour. Le
propriétaire de l'établissement va exécuter les travaux nécessaires pour réunir aux piscines un filet d'eau qui jaillit
comme d'un puits artésien au pied et en dehors des murailles, et qui fournira encore 80 bains par 24 heures.

Les trois piscines dont nous avons parlé sont creusées dans
le roc ; deux sont recouvertes d'un plancher qui conserve la
température de l'eau thermale, et sur lequel on a placé des
baignoires.

L'eau thermale, recevant, au gré des malades, un supplé-

(1) Les premières sources que nous examinerons sont celles d'Alet.
Ce lieu possède encore de précieux vestiges de l'antiquité, et une voie
romaine y conduisait. On peut conjecturer qu'Alet a dû son ancienne
importance aux sources salutaires qui coulent près de son enceinte.
Du Mège, *Statistique des départements pyrénéens*, tome Ier.
(2) Voir Malte-Brun.

ment de quelques degrés de chaleur, se dirige, au moyen de nombreux tuyaux nouvellement établis, dans les cabinets pourvus de baignoires. Rien de plus gai que les cabinets du premier étage, ayant vue sur la rivière, sur des parterres, des bosquets et de riants coteaux ; rien de mieux tenu que les cabinets placés sur les piscines, où les malades, en se baignant, respirent les gaz salutaires que l'eau dégage, et jouissent de la douce chaleur de l'air ambiant réchauffé par la source.

Au second étage et dans le bâtiment neuf, se trouvent un salon de réunion et plusieurs chambres bien meublées.

La ville d'Alet offre d'ailleurs toute sorte de ressources aux baigneurs.

On arrive à l'établissement thermal, qui est situé à une petite distance du mur d'enceinte de la ville d'Alet, à travers des jardins et par une allée de sycomores émaillée de fleurs. Au-dessous de cette allée, sont les parterres bordés par des haies et de frais bosquets qui les séparent de la rivière.

Non loin de l'établissement thermal d'Alet (à 1 kilomètre environ), est une source d'eau ferrugineuse d'une efficacité surprenante pour provoquer une circulation plus vigoureuse à travers les organes qui ont leur siège dans les régions inférieures de l'abdomen et du bassin, — l'utérus chez la femme, — les vaisseaux hémorrhoïdaux chez l'homme, et à activer dans les deux sexes les sécrétions des reins. Cette source ne fournit que 2,000 verres d'eau par 24 heures, mais cette quantité est suffisante pour 300 malades.

Les montagnes d'Alet, peu explorées jusqu'à ce jour, offrent un vaste champ de distraction pour l'esprit et d'exercices propres à fortifier le corps. Le botaniste, le chasseur, l'antiquaire, le minéralogiste, y trouveront d'amples moissons à faire. Les paysages y sont tantôt sauvages et abruptes, tantôt délicieux et variés ; la chasse y est abondante ; la pêche sur la rivière d'Aude est très-agréable.

Ainsi, à l'utilité des eaux pour le malade, viennent se joindre les distractions qui sont les meilleurs auxiliaires du traitement médical, et un bon remède contre l'ennui pour les personnes qui, par devoir ou par affection, accompagnent les malades.

**T. L.**

abondante; il existait, dans la région de l'oreille, des dou·
leurs assez vives et irradiantes, avec exacerbations sponta-
nées et sous l'influence de la pression.

L'état général du sujet ne présentait rien de particulier;
l'appétit n'était point perdu; les fonctions digestives étaient
normales.

Le traitement conseillé se composa d'applications émollientes locales, d'un purgatif et de boissons délayantes.

Le 15 juin, la fièvre redouble subitement, la céphalalgie
devient insupportable; il existe du malaise, de l'agitation,
de l'insomnie.

Nous supposons alors qu'il se produit quelque complication encéphalique, et nous prescrivons l'application succes-
sive de plusieurs sangsues dans la région mastoïdienne
droite, ainsi que des paquets de calomel à dose réfractée,
et des sinapismes sur les membres inférieurs. Malgré ce
traitement, les symptômes s'aggravent; il survient du délire de paroles et d'actes, de l'insomnie persistante, des
convulsions cloniques des membres et du tronc; la fièvre
devient de plus en plus vive, la chaleur de la peau âcre et
mordicante, et le troisième jour après le début des accidents céphaliques, le malade succombe dans un état coma-
teux. Nous devons ajouter qu'à aucune période de cette
rapide complication, le malade n'a présenté aucun autre
phénomène, tel que frisson et accès de fièvre, qu'il n'a
existé en aucun point du corps aucune trace d'abcès ou de
phlébite; il va sans dire que le diagnostic qui avait été porté
était celui de méningo-encéphalite aiguë mortelle.

A l'autopsie, faite vingt-quatre heures après la mort, le
crâne seul est ouvert, et l'on constate les altérations sui-
vantes :

Les sinus veineux de la dure-mère laissent échapper une
abondante quantité de sang noir; il s'en écoule aussi beaucoup du canal rachidien, lorsqu'on sépare le cerveau de la
moëlle. La dure-mère est parfaitement saine au niveau de
la portion pierreuse du rocher et dans le reste de son éten-

due ; elle n'est point adhérente à l'os ; celui-ci a son aspect normal, blanc-rosé et poli, sans trace de pus, ni d'infiltration.

La pyramide du rocher droit est séparée par le marteau ; la section porte sur l'oreille moyenne ; la membrane du tympan intacte et le marteau se trouvent ainsi à découvert et sont abandonnés sur le cadavre ; la portion d'os séparée, examinée avec soin, ne présente aucune trace de lésion, et sa structure semble tout à fait normale.

Le cerveau présente, à la surface supérieure, une énorme congestion de la pie-mère, dont les veines sont très gorgées de sang noir. Cette méninge présente aussi la teinte légèrement citrine d'une infiltration séro-fibrineuse qui lui donne un aspect louche. Par places, et principalement au niveau des dépressions qui forment en se renversant plusieurs anfractuosités, cette infiltration prend une teinte jaune purulente. La pie-mère épaissie se sépare facilement des circonvolutions qu'elle recouvre ; en aucun point la substance cérébrale ne paraît adhérente, et sa consistance semble normale ; la portion de pie-mère qui s'enfonce dans les anfractuosités est très injectée ; les artérioles qu'elle contient sont devenues très visibles.

La face inférieure du cerveau a été examinée avec soin, surtout au niveau des parties qui étaient en contact avec les deux rochers. En ces points, on n'observe qu'une légère infiltration séro-fibrineuse. Pas d'adhérence de la pie-mère au cerveau, pas de ramollissement de celui-ci. Le sillon de l'artère sylvienne et l'espace perforé antérieur ne présentaient rien autre chose que l'injection déjà signalée. Pas de traces de tubercules dans la portion correspondante de la pie-mère. Les plexus choroïdes, à leur entrée à la fente cérébrale de Bichat, sont aussi très congestionnés. Les ventricules cérébraux n'ont pas été ouverts. Il n'a pas été pratiqué de coupes dans l'épaisseur de la substance cérébrale.

Voilà bien, si je ne me trompe, un exemple remarquable de méningite survenue dans le cours d'une otite externe, sans lésion intermédiaire du rocher et de la dure-mère, dont on ne peut comprendre l'existence que par l'intervention des vaisseaux. D'habitude, les accidents de ce genre s'expliquent aisément par la propagation de l'altération qui intéresse les tissus intermédiaires entre les méninges et le conduit auditif externe, telles que carie du rocher ou de l'apophyse mastoïde, suppuration de l'oreille moyenne, etc.

De pareils faits ne sont pas aussi rares qu'on le pense, et il en existe des exemples dans la science. Est-il dans les symptômes et dans la marche de l'otite externe des raisons anatomiques qui puissent en donner une explication satisfaisante? C'est ce que nous allons voir en étudiant rapidement l'otite externe, dont la forme aiguë présente deux variétés.

Dans la première, l'inflammation se présente sous l'aspect de furoncles et d'abcès sébacés. Cette variété qui est la plus commune est quelquefois primitive, plus souvent secondaire, et dépend alors de la diathèse furonculeuse, de la scrofule ou de l'herpétisme. On n'y observe guère que du prurit, de la chaleur, de la tension, de la douleur, des bourdonnements, des battements, de la surdité incomplète, ainsi que parfois de l'insomnie, de l'agitation et de la fièvre. On constate alors que la peau est rouge; parfois, au contraire, que sa couleur est normale; mais on voit sur un point ou sur une face du conduit auditif externe, une saillie plus ou moins considérable, qui bientôt s'ulcère et fournit de la suppuration ; après quoi, la guérison survient rapidement. Il est utile de distinguer les cas de ce genre de ceux où l'on constate la suppuration partie de la caisse et venant faire saillie dans l'épaisseur de la paroi supérieure du conduit externe. Les complications de l'otite furonculeuse sont rares ; cependant, on peut observer, durant son cours, notamment chez les enfants, des accidents qui peuvent faire croire à l'imminence d'une méningite; d'autant mieux que l'examen, en pareil cas, nullement attiré du côté de l'oreille, est toujours fort difficile. Cette affection, sujette à récidive, doit être traitée par les antiphlogistiques, par l'application d'une ou plusieurs sangsues en avant du tragus, par des instillations de laudanum, et aussi, pour éviter les rechutes, par une médication antidiathésique.

La deuxième variété constitue ce qu'on appelle l'otite externe diffuse ; on l'observe à tous les âges, mais surtout parmi les enfants et les nouveau-nés, chez lesquels l'évolution dentaire joue un rôle étiologique de la plus haute importance. Chez les petits enfants, elle est plus rare cependant que l'otite moyenne, laquelle, d'après Wreden, existerait une fois sur cinq autopsies. L'otite externe diffuse naît de causes variées : le traumatisme local, la présence de corps étrangers nés sur place ou venant du dehors, tels que cérumen durci, productions épidermiques, coton, mies de pain, papier, cailloux, grains de plomb, fragments de verre, petits clous, morceaux de bois, épillets de blé ou autres légumes qui bientôt se gonflent, vers ou larves d'insectes, comme on a pu le constater chez des ivrognes qui s'oublient dans le ruisseau. Les bouchons cérumineux qui s'observent très fréquemment peuvent donner lieu à des symptômes pénibles dont la cause n'est pas toujours facile à distinguer. Entre autres exemples, j'ai observé le fait d'un magistrat qui avait consulté vainement, à plusieurs reprises, pour des symptômes cérébraux (vertiges, étourdissements, céphalalgie, perte de mémoire, hypochondrie, etc.), lequel fut guéri instantanément par l'extraction de deux cylindres aussi durs que du plâtre.

Pour le dire en passant, dans tous les exemples de ce genre, quel que soit le corps étranger, il nous paraît utile de rappeler que le meilleur moyen de l'extraire consiste dans l'emploi de pinces fines et délicates, ou dans l'emploi d'un jet d'eau tiède ou froide, à condition toutefois, que l'on aura acquis la certitude, par la vue ou le toucher, de la présence du corps étranger, et que l'on ne procèdera, comme le dit avec raison le docteur Gellé, à l'extraction, qu'avec l'aide d'un éclairage suffisant; car il arrive parfois que l'on constate de l'inflammation du conduit auditif causée réellement par l'introduction d'une substance quelconque qui peut être sortie et que l'on chercherait vainement. Il faut, en pareil cas, agir avec une prudence extrême, sous peine de déceptions pénibles pour le praticien, et de graves dangers pour le malade. On peut observer aussi l'otite externe diffuse à la suite du traumatisme chirurgical par le fait de tentatives d'extraction malheureuses, parfois non justifiées, qui suffisent à déterminer, surtout chez les enfants, l'explosion d'accidents cérébraux auxquels ils n'étaient que trop prédisposés. Le docteur Talko (*Rev. sc. méd.* t IV. p. 296) cite même le cas d'un jeune homme atteint de rétrécissement du conduit auditif externe, chez lequel une petite incision amena une syncope suivie d'attaques épileptiformes violentes avec pouls insensible et pupilles dilatées. L'otite diffuse est produite encore par l'introduction, dans le conduit auditif, de liquides irritants ou caustiques ; on peut voir, en effet, l'action du chloroforme, de l'éther, de l'eau sédative, etc., introduits volontairement pour calmer certaines douleurs de dents et certaines névralgies, ou introduits par accident, déterminer une otite externe diffuse. La simple pénétration d'eau froide chez les plongeurs peut amener une semblable affection. Les exanthèmes aigus ou chroniques, les fièvres graves, et enfin la simple impression de l'air froid ont pu la provoquer.

Les symptômes de l'otite diffuse sont les suivants : prurit local, chaleur, douleur (sourde d'abord, bientôt vive avec irradiation névralgique), délire, insomnie, fièvre, surdité, pulsations, bourdonnements. Quand on explore le conduit auditif, ce que l'on doit toujours faire avec prudence, et ce qui est parfois très difficile, on constate de la rougeur diffuse, plus intense ordinairement vers les parties profondes ; il arrive parfois que la douleur à la pression, ainsi que le gonflement considérable des parties molles qui oblitèrent le conduit, ne permettent qu'un examen incomplet. Après trois ou quatre jours, le calme arrive, en même temps que se produit une suppuration plus ou moins abondante, et la

guérison survient après le deuxième ou le troisième septe-
naire.

Dans d'autres cas, la maladie passe à l'état chronique et
peut durer fort longtemps, quand les sujets sont entachés
de lymphatisme, de scrofule ou d'herpétisme ; ailleurs on
la voit gagner l'oreille moyenne après avoir perforé le tympan, et intéresser le périoste et même les os ; il va sans dire
qu'alors l'otite acquiert une gravité exceptionnelle et peut
amener facilement des complications cérébrales. Même sans
que cette propagation ait lieu, et dans sa forme en apparence
la plus superficielle, l'otite diffuse peut entraîner des accidents mortels comme chez notre malade, ou bien, dans
des cas plus heureux, produire des symptômes réaction-
nels ou sympathiques dont l'origine réflexe ne peut être
toujours sûrement affirmée : comme je l'ai vu récemment
chez un homme de quarante ans qui eut un délire d'une
violence extrême, ainsi que des convulsions épileptiformes
de courte durée.

Il faut, d'ailleurs, distinguer ici ce qui se passe chez les
adultes et les enfants.

Dans le premier cas, l'extension de la phlegmasie a lieu
plus difficilement, et partant, les complications cérébrales
sont plus rares. En effet, chez les adultes, les tissus sont
plus indépendants les uns des autres ; l'activité cérébrale
est moindre, les os sont moins vasculaires, les trous par
où se fait la communication des petits vaisseaux sont beaucoup moins nombreux que chez les enfants ; la propagation
de l'inflammation est donc plus rare, et cependant possible,
comme il est prouvé par l'exemple de notre malade.

Les enfants, surtout les nouveau-nés, sont beaucoup
plus exposés ; le conduit osseux est beaucoup moins déve-
loppé ; la caisse du tympan est au niveau du temporal ; la
caisse ou oreille moyenne est à peine formée, les os sont
incomplets, très vasculaires, perforés de trous nombreux ;
les cellules mastoïdiennes sont peu abondantes, mais à
peine séparées de la cavité cérébrale. En outre, à mesure

qu'on se rapproche de la naissance, les symptômes ner-
veux, réflexes, surgissent avec la plus grande facilité ; une
piqûre d'épingle, une évolution dentaire, la présence de
vers intestinaux, etc., suffisent, comme chacun sait,
pour amener des convulsions, parfois mortelles. N'oublions
pas enfin que la circulation cérébrale est toujours active
chez eux, et que les méninges sont d'une susceptibilité dé-
plorable ; malheur à ceux chez lesquels existe l'hérédité tu-
berculeuse, car l'explosion d'une méningite de ce nom peut
se produire sous l'influence d'une maladie de l'oreille.

J'ai vu récemment un enfant d'une dizaine d'années dont
les parents sont tuberculeux, chez lequel une otite externe
diffuse, méconnue au début, a fini par produire des symptômes graves et mortels que l'on peut rapporter à la granu-
lose cérébrale.

Le diagnostic de l'otite diffuse devient donc d'une importance extrême, surtout chez les enfants, et le docteur
Clarke a prétendu avec raison que chez eux l'examen de
l'oreille est toujours chose nécessaire, surtout dans le cas
d'exanthèmes aigus. Bien souvent, en effet, les symptômes
encéphaliques que l'on observe dans la rougeole, la scarlatine, etc., dérivent de la présence d'une otite. J'ajouterai
qu'on peut appliquer aux exanthèmes chroniques la proposi-
tion du docteur Clarke : nous savons tous que l'on parle
souvent de répercussion des dermatoses de l'enfance ; cette
répercussion n'est bien souvent que la propagation ignorée
d'une affection de la peau (impétigo, eczéma), qui, tra-
versant le conduit auditif externe, gagne, sans qu'on y
songe, les méninges et le cerveau. On comprend de reste
l'utilité qu'il y a à bien constater les otites de cause exan-
thématique et celles produites par des corps étrangers.

Comme conséquence, on peut établir que le pronostic de
l'otite externe, en général bénin, peut devenir très grave,
et que si l'on doit toujours être réservé dans les cas de ce
genre, particulièrement chez les enfants, on doit l'être parfois aussi chez les adultes. J'ai toujours présent à l'esprit le

souvenir d'un malade que je soignai pendant quelques heures seulement, en l'absence de son médecin ordinaire. Je fus appelé en toute hâte, au milieu de la nuit, pour conjurer chez lui des accidents que l'on qualifiait d'épileptiques. Je constatai, en effet, les symptômes classiques d'une affection méningée, caractérisée surtout par des convulsions cloniques alternant avec de la contracture, par du strabisme externe et de l'inégalité des pupilles, de la respiration suspirieuse et de l'ataxie cardiaque. Mon embarras était d'autant plus considérable, que je me trouvais en présence de personnes convaincues qu'il ne s'agissait que d'une épilepsie ordinaire, et que l'attention que je paraissais avoir pour la région auriculo-mastoïdienne, (où j'avais pu facilement constater la présence d'une otorrhée purulente et d'une carie des cellules mastoïdiennes avec abcès), ne semblait nullement justifiée par le diagnostic d'otite bénigne fait antérieurement par mon confrère. A défaut d'autres ressources thérapeutiques, je pus cependant, par l'incision *in extremis* de l'abcès mastoïdien, d'où s'écoula une abondante sanie rougeâtre, purulente, prouver la réalité de mon diagnostic de méningite suraiguë ou d'hémorrhagie méningée. Cette solution inattendue releva mon crédit médical, d'autant plus ébranlé, que mon charitable confrère, prévenu de l'événement, avait, d'autorité et sans quitter sa chambre, affirmé l'existence d'un vulgaire accès pernicieux. Oui, c'était bien là un accès pernicieux..... de méningite qui, dans l'espace de quelques heures, emportait le malade.

Dans ce cas, on peut supposer, à la rigueur, que l'otite externe primitivement observée avait gagné les parties profondes, intéressé les os, et par suite, avait envahi les méninges par simple contiguité. C'est ainsi que d'habitude arrivent les complications cérébrales, et le mécanisme de leur production est alors facile à comprendre. Mais il est des observations, comme celle que nous avons rapportée au début, où l'on voit la méningite, la méningo-encéphalite, et l'abcès du cerveau survenir sans qu'il existe aucune altération intermédiaire entre les cavités auriculaires et l'encéphale.

De semblables complications peuvent se montrer dans toute espèce d'otites ; dans les otites aiguës, comme dans les otites chroniques ; dans l'externe, la moyenne ou l'interne, et enfin, qu'il y ait ou non altération des os. Cependant, elles arrivent d'autant plus facilement, cela se conçoit de reste, quand les os subissent la nécrose ou la carie, ou quand la suppuration des parties molles se prolonge longtemps. Je ferai remarquer, à cet égard, qu'il existe, dans les cas de ce genre, où les accidents cérébraux semblent imminents et presque fatals, des exceptions remarquables ; en voici un exemple :

Dans le cours de l'année 1873, j'ai donné des soins à un enfant de 12 ans, lymphatique, affaibli par une longue suppuration, qui présentait une inflammation de l'oreille externe. et de la caisse, avec carie des apophyses mastoïdes et végétations fongueuses très vasculaires dans tout le conduit externe. On observait aussi, chez ce malade, des douleurs très vives dans la région auriculaire, de la fièvre rémittente avec frissons accentués, de l'inappétence complète, de l'insomnie, et, par intervalles, du subdelirum nocturne, de l'agitation, des vertiges, de l'irascibilité, etc. Toutefois, cette symptomatologie bruyante, capable d'inspirer les plus vives inquiétudes, s'évanouit sous l'influence des soins assidus qui furent donnés, et notamment par le sirop antiscorbutique ioduré, le sulfate de quinine, l'huile de morue et les sulfureux intùs et extrà.

En général, quand on constate de la méningite ou de l'encéphalite, on peut les expliquer par la propagation directe, ou bien par la propagation à travers les vaisseaux si abondants chez les enfants. Mais quelques auteurs ont pensé que, dans certain cas où la propagation ne pouvait s'expliquer, il fallait admettre, ou une coïncidence, ou bien que la maladie de l'oreille provenait du cerveau primitivement lésé. Cette opinion a été émise par le docteur Bertin, qui avait, dans une observation d'otite avec abcès cérébral, constaté l'intégrité des méninges et d'une couche assez épaisse du cerveau dans la région du rocher. Ce fait, quoi qu'on en dise, est possible, puisqu'il a été observé; mais à coup sûr, il doit être rare.

Ordinairement, la transmission de la phlegmasie auriculaire a lieu à travers la paroi supérieure du conduit auditif osseux, paroi très mince, perforée de nombreux trous dans lesquels passent les vaisseaux qui vont de l'oreille aux méninges; il résulte de cette disposition que dans les otites, c'est le lobe moyen du cerveau qui est le plus exposé; mais s'il s'agit d'une affection auriculaire intéressant les cellules mastoïdiennes, c'est surtout le cervelet qui se trouve compromis, comme dans le cas si rapidement funeste que nous avons raconté plus haut. Ailleurs, la communication a lieu par le conduit auditif interne; l'inflammation qui débute ordinairement, en pareil cas, dans la caisse, gagne le labyrinthe, et arrive, par les trous de la lame criblée ou bien par une nécrose ou carie du rocher, jusque dans la cavité encéphalique; ailleurs enfin, la propagation peut se faire par le canal de Fallope, qui, au niveau de la caisse, ne présente qu'une paroi mince, parfois trouée, ce qui permet au névrilème du facial de s'enflammer à son tour, et de porter ainsi la lésion vers les méninges et le cerveau. Il semble donc que l'encéphale se trouve exposé dans les maladies de l'oreille, comme il l'est, du reste, dans les cas de traumatisme du rocher. Il y a cependant quelques exceptions dans ce dernier cas, puisqu'on a vu survenir la guérison de certaines fractures de cet os, et que j'ai vu moi-même tout récemment un marchand de chevaux présenter, à la suite d'une chute sur la tête, une fracture du rocher avec ecchymose conjonctivale, épistaxis, hémorrhagie auriculaire, commotion cérébrale et paralysie faciale persistante, qui s'est terminée de la manière la plus heureuse.

Les complications encéphaliques de l'otite se présentent sous deux formes : dans la forme aiguë on voit survenir des accès de fièvre avec frissons, une céphalalgie intense, avec ou sans cris encéphaliques, qui s'exaspère surtout par le mouvement, de la constipation, des vomissements, de l'agitation, du délire, de la perte de connaissance, des convulsions ou de la contracture ; parfois aussi des paralysies générales ou partielles alternant avec des convulsions et des contractures, enfin le coma et la résolution qui terminent la scène. Dans la forme chronique, qui se rapporte le plus souvent à l'encéphalite suppurée, on observe de la céphalalgie persistante et localisée, sans qu'il y ait de troubles de la motilité, de la sensibilité et de l'intelligence, ou, quand ils existent, avec des désordres peu considérables dans ces fonctions. Ce n'est qu'après un certain temps que survient, au milieu de cette symptômatologie peu bruyante, une courte série de convulsions, ou des symptômes apoplectiques.

Le pronostic de ces accidents ne paraît pas avoir toujours été absolument fatal et un traitement énergique a semblé quelquefois produire la guérison. En tout état de cause, on peut dire que si nous constatons l'impuissance des médications ordinaires contre le fait accompli, le traitement préventif, dans certains cas, conserve toute son efficacité.

Le traitement des complications inflammatoires que nous venons de décrire n'a rien de spécial dans le cas particulier, sinon qu'il est nécessaire d'agir avec vigueur et persistance ; les potions émétisées, le calomel, les sangsues, la saignée, la glace employés avec méthode et persévérance, auront parfois de bons effets. Mais il nous paraît surtout important de faire une médication préventive, en agissant sur les otites dont on connaît le danger possible, par les antiphlogistiques multipliés, les injections émollientes, les cataplasmes, les purgatifs, et enfin les antidiathésiques.

Il est une autre complication cérébrale que l'on peut observer aussi dans le cours de l'otite ; c'est la phlébite et la trombose des sinus, dont on connaît les rapports avec le conduit auditif interne et la caisse du tympan. Cet accident, qui se rencontre surtout à la suite des caries et nécroses, se combine, le plus souvent, avec la méningo-encéphalite, ou provoque la formation d'abcès métastatiques comme dans la pyohémie. Les premiers symptômes que l'on constate alors sont : douleurs de tête et dans la nuque, nausées, vomissements, fièvre ; ces symptômes se calment pendant un temps plus ou moins long, reparaissent ensuite et deviennent alors persistants. Bientôt, on voit survenir des frissons erratiques, puis de véritables accès de fièvre, des sueurs profuses, et enfin tous les signes ordinaires de l'infection purulente avec ses manifestations pneumoniques, pleurétiques, articulaires, etc.

Le pronostic est presque toujours fatal, le diagnostic toujours difficile, surtout quand la phlébite des sinus marche de pair avec la méningite ; la confusion est quelquefois possible avec la fièvre typhoïde, ou avec les accidents cérébraux que l'on est tenté de rapporter à l'influence directe d'un exanthème aigu, tel que la scarlatine, par exemple. D'où il suit qu'il est toujours utile, en pareil cas, d'examiner la région auriculaire, pour ne point ignorer l'existence d'une otite qu'il n'est pas impossible d'enrayer au début.

Toulouse, Impr. Louis & Jean-Matthieu Douladoure.

34

Lb 48.1661.

# PROCÈS

## De Louis-Pierre LOUVEL.

LA Cour des Pairs s'est réunie le 15 mai 1820, à onze heures, dans le palais ordinaire de ses séances. M. Bastard-d'Estang, nommé conjointement avec M. le baron Séguier, juge-instructeur, par la commission, a présenté le rapport de l'affaire de l'infâme Louvel. La séance qui a duré jusqu'à cinq heures et demie, a été consacrée à entendre une partie de ce rapport. La lecture de l'autre partie a été faite le lendemain et les jours suivans. Le 18 et le 19, M. Bellart a lu son réquisitoire, qui, autant que les communications sociales peuvent pénétrer les mystères de la Chambre, paraît avoir électrisé toutes les consciences par la sagesse de ses idées, la pureté de sa doctrine et l'élévation de ses sentimens. On croit son opinion peu conforme à celle du rapporteur, sur les moteurs du crime de Louvel. Nous la ferons connaître quand elle aura été publiée officiellement.

Le 22 et le 23 mai, la Chambre des Pairs, formée en Haute-Cour de justice, a statué sur les prévenus au nombre de dix-neuf. Elle a déclaré à l'égard de sept d'entre eux ( Dubois et sa femme, Layet, Haqueville, Toutoin, *dit* l'Éveillé, Renard et Hamelot ), qu'il n'y avait lieu à suivre, attendu qu'il n'existait contre eux aucune trace de délit.

A l'égard de six autres ( Guillet ( le général ) (1), Vincent, Juglet, Giroux et Thomas ), qu'il n'y avait lieu à suivre, faute d'indices suffisans de culpabilité.

A l'égard du surplus ( Pinat, Marin, Bourdin, Duval et Mauvais, Louvel excepté ), qu'il n'y avait lieu à suivre devant la Cour des Pairs ; mais attendu qu'il peut résulter de l'instruction qu'il y aurait lieu à poursuite pour d'autres crimes ou délits, la Cour a renvoyé les prévenus à qui de droit, à la diligence du procureur-général.

(1) M. le maréchal-de-Camp Guillet, qui parvint par son courage au grade d'officier-général pendant la révolution, fut persécuté par presque tous les gouvernemens, et surtout par celui de Buonaparte, dont il était l'ennemi. Cependant, dans les cent jours, il accepta le commandement du département de l'Hérault.

Le 7 mars, un mandat d'arrêt fut lancé contre lui par le parquet de la Cour des Pairs. Ce général était malade : il resta chez lui, mais sous la surveillance de deux gendarmes.

N.° 1.

Enfin Louvel a été mis en état d'accusation , et l'ouverture des débats ajournée au lundi 5 juin. Dans cet intervalle, Louvel devra prendre connaissance de l'instruction , se choisir un défenseur , ou , sur son refus , en recevoir un qui sera nommé d'office par la Cour des Pairs.

Le 24 mai, vers dix heures du matin, on a signifié à Louvel son acte d'accusation , dans le greffe de la conciergerie. On l'a ensuite fait monter dans la chambre d'accusation, où on lui a nommé pour défenseur d'office , M. le bâtonnier de MM. les avocats du bareau de Paris ( M. Archambault ).

## Nouveaux détails sur Louvel.

Louvel passe quelquefois certains jours sans parler , parce qu'il s'aperçoit qu'il ne prononce pas un mot , même insignifiant qu'il n'en soit pris une note exacte, ainsi que de la minute et de l'heure , et lorsque ses gardiens veulent l'engager à le faire , pour tirer parti de ce qu'il pourrait dire , il leur répond : « Occupez-vous de remplir votre devoir ; lorsque je serai devant la Cour des Pairs , je sais ce que j'aurai à répondre. »

Ce scélérat dit que *tuer un homme lorsque c'est pour opinion , et en révolution surtout , n'est pas un crime ;* et il ne craint pas de se comparer à *Brutus.* Avec de semblables sentimens on ne sera pas surpris si Louvel n'a point voulu recevoir les consolations de la Religion.

Il a demandé la permission de fumer. Cette permission lui a été refusée.

Le chien d'un des concierges lui témoigne beaucoup d'amitié. Louvel le trouve insupportable , et repousse les caresses de cet innocent animal , modèle de la fidélité.

Lorsqu'on lui annonce qu'il va être interrogé, il en témoigne beaucoup de joie. Il trouve , sans doute , une jouissance maligne dans ces interrogatoires , qui lui rappellent son crime, ou une occasion de se distraire.

Le moment des repas est toujours attendu par Louvel avec une grande impatience , parce qu'on lui ôte sa camisole qui l'empêche de faire usage de ses bras et de ses mains. Le concierge de la prison lui tient compagnie et partage ses repas. A l'heure indiquée , le concierge sert du potage dans deux assiettes; il en prend le premier plusieurs cuillerées, les mange, attend quelques instans ; ensuite la seconde assiette est placée devant Louvel, qui suit l'exemple que le concierge vient de lui donner et mange. On en use ainsi pour tous les mets qui lui sont présentés et même pour la boisson.

Il paraît qu'on prend ces précautions , pour empêcher

qu'on n'empoisonne les mets que le concierge est chargé de faire apprêter lui-même.

Son ordinaire se compose de la soupe, du bouilli, d'une livre de pain, et d'un verre d'eau rougie. Il ne veut pas boire du vin pur.

Un jour, on lui a servi des haricots; il n'en voulut point, disant qu'un prisonnier d'état n'était pas fait pour manger des légumes. D'ailleurs, suivant lui, il a besoin d'une bonne nourriture pour résister aux interrogatoires qu'on lui fait soutenir à tout moment.

Immédiatement après les repas, on remet la camisole à Louvel. Enfin, il ne fait pas un mouvement, un geste, un pas, que tout ne soit observé et enregistré. — En général, il ne paraît sensible qu'à ce qui tient aux fonctions animales, boire, manger et dormir. Mais un jour, parlant de son supplice, comme il demandait si on lui couperait le poing, sur la réponse affirmative d'un des concierges, il fit un mouvement qui annonçait de l'effroi et la peur du mal.

La veille du jugement, Louvel sera transféré dans une chambre qui est déjà préparée au palais du Petit-Luxembourg, près la caserne de la gendarmerie d'élite.

On se rappelle que, lors de l'arrestation de Louvel, on trouva sur cet assassin un autre poignard que celui dont il avait frappé son auguste victime; Louvel avoua qu'il l'avait fait fabriquer à la Rochelle, il y a quatre ans, mais sans désigner ni le nom, ni la rue du fabricant; un plan de cette ville lui ayant été présenté, il a, dit-on, reconnu la rue, et des enquêtes ont été faites à cet égard. Nous en connaîtrons sans doute le résultat.

Louvel eut, dit-on, pendant un certain temps, une maîtresse très-élégante, attachée à un des grands théâtres de la capitale. Louvel venait souvent, au sortir du spectacle, la prendre en cabriolet. Son langage n'est point dépourvu d'élégance et de correction. Il s'énonce facilement. Ses traits sont communs; il est blond; il a les yeux bleus; la bouche, le nez et le front petits; son menton est rond, et l'ensemble de son visage est ovale; il est d'une taille plus qu'ordinaire, mais sans beaucoup d'embonpoint; son regard est farouche, froid et impassible.

Louvel enflammé par le fanatisme politique qui produit les forfaits atroces, désirait, il y a quelque temps, de monter sur l'échafaud afin de jouir de cette funeste célébrité qu'il ambitionnait, et qui lui mit le poignard à la main. Il s'est calmé, dit-on, et n'est plus le même. Son arrogance s'est évanouie, et quatre mois de détention lui ont fait faire de cruelles réflexions. Il s'est cru un *Brutus*, un *Mucius-*

*Scevola*; mais le remords lui crie qu'il n'est comme ces républicains forcénés qu'un infâme assassin. La procédure qui va s'ouvrir lui assignera son rang parmi les *Ravaillac* et les *Chatel*.

— Voici de quelle manière l'on a arrêté l'officier de l'ancienne garde impériale, revenu du Champ-d'asile, qui avait dit chez une marchande de fleurs, qu'on épargnerait, *dans la bagarre*, madame la duchesse de Berry.

Un agent de police, qui avait le signalement de ce militaire, crut le reconnaître dans un estaminet. La crainte de se tromper et peut-être encore plus la crainte de faire une scène qui aurait pu lui attirer quelque désagrément, font comprendre à l'agent de police qu'il doit renoncer pour le moment à saisir l'individu suspect. Cependant, il ne veut pas laisser échapper une si belle occasion. Il a bientôt pris son parti ; le voilà à la même table que le militaire : il se fait apporter un carafon de vin, le soulève d'un main maladroite, et laisse épancher toute la liqueur sur le pantalon du voisin. Nulle excuse ne suit ce petit accident ; le militaire s'en offense. *Monsieur, j'ai été fort mal élevé*, dit froidement l'agent de police ; *je ne fais jamais d'excuses.* — *Vous êtes un impertinent*, riposte le militaire. — *Monsieur, cela est possible*, réplique avec encore plus de flegme l'homme de la police. Le militaire ne se possède plus ; il propose un duel pour le lendemain, fixe l'heure ainsi que le lieu du combat, et échange son adresse contre celle de son adversaire. C'était précisément pour avoir cette adresse que le carafon de vin avait été renversé.

Le lendemain arrive. Dès la pointe du jour le militaire entend frapper à sa porte ; il ouvre, et le premier homme qui se présente à lui est son adversaire de la veille, qui lui intime l'ordre de le suivre à la préfecture de police ; cinq ou six alguazils étaient entrés au même instant : toute résistance était impossible ; il fallut obéir. Le militaire arrêté se nomme *Mauvais* ; c'est individu est, dit-on, le même qui a touché 1000 fr. de la souscription dite du *Champ-d'Asile.*

---

On trouve chez Aug. SEGUIN, libraire, Place-Neuve,

*Le Duc de Berry peint par lui-même, ou lettres et paroles remarquables de S. A. R. Monseigneur le Duc de Berry, etc.; brochure de 44 pages, dédiée à* Mademoiselle, *par les pauvres filles orphelines de Montpellier : se vend* 50 *centimes au profit de ces mêmes orphelines.*

---

De l'imprimerie de Jean MARTEL le jeune.

Depuis que M. le chancelier et MM. les pairs-instructeurs se sont occupés du soin d'interroger Louvel, d'entendre les témoins, et d'obtenir tous les documens propres à dissiper les nuages dont le crime a été environné : tout jusqu'ici a été secret ; quelques détails, quelques faits détachés sont seuls devenus publics. Nous allons les rassembler.

MM. les pairs chargés de l'instruction, et M. le procureur-général, ont procédé avec la plus grande attention : rien ne leur est échappé ; ils ont remonté à toutes les sources, ont tout vérifié. Le moindre soupçon a suffi pour leur faire ordonner les recherches les plus exactes. Le 29 mai, ils ont encore entendu un nouveau témoin.

Louvel a été interrogé par eux très-fréquemment. A compter du 17 février, jour où le mandat d'arrêt a été décerné contre lui ; et dans une partie du mois de mars, il l'a été de deux en deux jours. Alors, M. le chancelier et MM. les pairs-instructeurs se transportaient au palais de justice ; la Chambre d'accusation de la Cour royale était mise à leur disposition, et on y conduisait Louvel. Deux agens de police et quatre gendarmes étaient chargés de sa garde. Ses interrogatoires duraient ordinairement deux ou trois heures. Les personnes qui l'ont vu sur son passage, lui ont trouvé beaucoup de tranquillité et plus que de l'assurance. Aussi a-t-il montré en toute occasion une présence d'esprit étonnante.

Un de MM. les pairs-instructeurs lui ayant fait pressentir que s'il persistait dans le silence qu'il gardait sur l'évidence d'un complot, on emploierait des moyens extraordinaires pour obtenir des aveux et les noms de ses complices, il répondit : « Vous ne parviendrez pas à m'effrayer ; je connais les lois, vous ne pouvez aller au delà : ainsi, dispensez-vous d'avoir recours aux menaces, qui ne produiraient aucun effet sur moi. »

Un autre le pressait vivement pour lui faire de pareils aveux, et voulait lui prouver que seul il n'aurait jamais commis un pareil crime. Louvel répéta qu'il n'avait pas de complices, et qu'au surplus, si M. le commissaire voulait absolument qu'il en eût, il commencerait par l'accuser lui-même de complicité.

MM. les pairs ne se sont pas bornés à interroger l'assassin ; ils l'ont confronté avec un grand nombre de témoins. Les enquêtes ont été très-fréquentes ; MM. les pairs auraient entendu jusqu'à trois cents témoins. Dans ce nombre, il faut probablement comprendre tous ceux que la commission a cru devoir faire arrêter, et qu'elle a fait mettre en liberté presqu'aussitôt.

Les arrestations qui ont produit le plus de sensation,

et qui ont eu un résultat semblable, sont celle du général
Guillet, du sieur Vincent, du paysan normand, et de
l'officier de la vieille garde.

Voici ce qu'on raconte du paysan de Normandie qui fut
accusé d'avoir témoigné de la satisfaction en apprenant la
mort de Mgr. le duc de Berry.

Cet homme, sous un extérieur simple, n'était pas
dépourvu d'une certaine finesse ; on en jugera par le récit
suivant, échappé dans la conversation à un grave magistrat.

Interrogé sur la vérité de l'accusation intentée contre
lui, le paysan normand est convenu d'avoir en effet,
au premier moment, approuvé l'action de Louvel. « Et qui
est-ce qui peut motiver de votre part, lui a demandé le
magistrat, une pareille malveillance envers une famille
auguste qui ne désire que le bonheur des Français ? »
Sans se déconcerter, il a dit que son mécontentement était
provoqué par le rétablissement prochain de la dîme et des
droits féodaux, ainsi qu'on le lui avait certifié. Sommé de
révéler les auteurs de ces assertions, le paysan, après s'être
un peu fait prier, a répondu : « Puisque vous voulez le sa-
voir, ce sont les chaudronniers de passage qui me l'on dit. »

A ces mots, la gravité magistrale s'est déridée, et on a
invité le pauvre homme à s'expliquer un peu mieux.

« Eh bien ! a-t-il répliqué, est-ce que les chaudronniers
ne savent pas tout ? Ils parcourent les pays ; ils entrent dans
les châteaux et dans les presbytères; ils s'arrêtent dans les
cabarets, causent avec l'un et avec l'autre; et, puisqu'ils
m'ont dit qu'on allait rétablir la dîme et les droits féodaux,
il faut qu'ils en sachent quelque chose. »

« Comment, reprend le magistrat, pouvez-vous ajouter
foi aux propos tenus par des gens qui ne peuvent connaître les intentions de l'autorité, et qui, s'ils ne la calom-
nient, ne parlent au moins que d'après des calomniateurs? »

« Cela vous plaît à dire, répond le paysan; mais les chaudronniers ne sont pas les seuls à tenir ce langage : car, bien
que nous n'ayons pas de grands seigneurs dans notre bourg,
la femme de notre chirurgien ne cesse de nous menacer du
retour des droits féodaux. »

« Allez, brave homme, vous êtes libre; mais souvenez-
vous une autre fois de mieux juger des Princes qui veulent le bonheur de tous, et qui n'ont jamais fait de mal
à personne. »

Le paysan ne s'en allait pas; interrogé sur ce qui l'ar-
rête : « Je suis venu ici dans une bonne voiture, bien nourri,
et jasant tout le long de la route, comment voulez-vous
que je m'en retourne ? » — Après votre imprudence, vous

n'avez guère à vous plaindre. Que signifie ce langage ?
— « Dam! c'est que je ne l'avais dit qu'au coin du feu. »

Le paysan s'en est allé à pied, avec une feuille de route et trois sous par lieue.

Des commissions rogatoires ont été envoyées dans presque toutes les provinces, surtout dans les pays où Louvel a pu passer ou séjourner : on a voulu avoir une connaissance exacte de tout ce qui tient à son caractère et à ses habitudes. A Tours, à Rennes, à Troyes, à Lyon, à Metz, à Nuits et dans d'autres villes, on a interrogé différentes personnes qui semblaient avoir connu l'événement avant qu'il fût physiquement possible qu'elles en fussent instruites. Mais l'une, c'est un maître de poste, qui avait la singulière habitude de dire, lorsqu'on lui apprenait une nouvelle : *Je le savais;* l'autre tenait quelques détails, d'un voyageur plus diligent que le courrier; celle-ci du courrier même, mais avant que le courrier en eût parlé à qui que ce fût : toutes avaient été imprudentes, et rien de plus. On parle d'une dame des environs de Milhau, qui avait été appelée à Paris, ainsi que de l'audition d'un témoin forcé qu'on a fait venir du bagne. A Lyon, cependant, la commission rogatoire aurait peut-être été de quelque utilité si elle fût arrivée à temps.

Un ancien camarade de Louvel, qui avait autrefois travaillé avec lui comme garçon sellier chez un sieur *Majesté,* sellier-carossier, à Lyon, se présente chez ce dernier le mercredi 16 février au matin. Majesté ignorait l'affreux attentat du 13. Surpris de revoir cet ouvrier, il lui demanda d'où il venait; celui-ci l'engagea à venir déjeuner chez un marchand de vin. Étant à table, Majesté fut étonné de trouver cet homme qu'il croyait dans la misère, revêtu, sous une blaude de toile, d'un habit bleu fort propre : de là le colloque suivant.

*Majesté.* Pourquoi caches-tu tes habits sous ce vêtement grossier ?

*L'ouvrier.* C'est que cela m'est plus commode pour voyager.

D. Quand es-tu parti de Paris ?

R. Dans la matinée de lundi.

D. Cela n'est pas possible : il faudrait donc que tu fusses venu en poste ?

R. Ainsi ai-je fait. Mais tenez, M. Majesté, finissons les questions. Je suis venu pour vous remercier des attentions que vous eûtes pour moi dans un temps de malheur.

Et se levant de table, il tira une bourse bien garnie, d'où il prit l'argent nécessaire pour payer le déjeuner; puis il s'éloigna.

Quelques heures après, un commissaire de police vint chez Majesté faire des perquisitions; mais l'homme qu'il cherchait était parti.

---

Le 26 mai, l'on a remis à Louvel copie des pièces relatives à sa procédure. Le défenseur officieux a pour adjoint M. Bonnet. La liste des témoins lui a été signifiée le 3o du même mois.

Quoique Louvel n'ignore pas quel sera son sort, et qu'il ne peut se soustraire à la mort, il eût désiré d'être jugé par la cour d'assises : on ne sait pas par quel motif. Nous présumons que c'eût été pour pouvoir profiter de l'appel et gagner ainsi du temps, ou dans l'espérance d'être enlevé par ses complices, au milieu de tant de personnes rassemblées dans le même lieu.

Il a éprouvé . il y a quelque temps, une espèce de suffocation, un étouffement qui provenait, sans doute des réflexions terribles et sombres qu'il faisait, en voyant approcher le moment de sa condamnation. Le sang-froid qu'il affecte n'est point du courage ( car un assassin ne peut en avoir ), c'est l'endurcissement dans le crime. Cette fermeté se démentira sans doute devant les juges, mais bien plus encore au moment de son supplice. Il tente par quelques révélations vraies ou fausses à prolonger son existence ; et le temps qu'on emploie à chercher des éclaircissemens toujours nécessaires à la marche lente et sûre de la justice, lui donne quelque satisfaction, et entretient ses espérances.

Les débats vont faire connaître toute l'atrocité de son caractère : on pourra suivre, jour par jour, ce nouveau régicide, méditant son crime, calculant toutes les chances du succès, et cherchant sa victime comme une bête féroce cherche sa proie.

— LOUVEL ! son nom est bien plus expressif que tout ce que nous pourrions dire; LOUVEL enfin va paraître devant le tribunal auguste chargé de le juger et de le condamner, d'après les lois, à un supplice trop doux pour le forfait dont il s'est rendu coupable.

— Le 10 mai, on a arrêté à Aubange ( Belgique ), un voyageur récemment arrivé de Paris, et qui, dit-on, est impliqué dans l'affaire *isolée* de Louvel.

---

*On trouve chez* Aug. SEGUIN, *libraire*, *Place-Neuve :*
Le Nouveau Ravaillac, *servant d'introduction au procès*
*de* Louvel. Prix : un franc.

De l'imprimerie de Jean MARTEL le jeune.

## Acte d'accusation contre Louis-Pierre LOUVEL.

Le Conseiller-d'État, procureur-général de S. M., près la Cour des Pairs, nommé par ordonnance du Roi, du 14 février dernier, pour poursuivre devant ladite Cour le procès de l'assassinat de feu Mgr. le Duc de Berry ; déclare que des pièces et de l'instruction qui lui ont été communiquées par suite de l'ordonnance qu'ont rendue, le 10 du présent, MM. les Pairs désignés par M. le Chancelier pour l'instruction du procès, résultent les faits suivans :

Le 13 février dernier, LL. AA. RR. Mgr. le Duc et Madame la Duchesse de Berry étaient à l'opéra. La Princesse désira ne pas rester jusqu'à la fin du spectacle. Le Prince, vers 11 heures du soir, la reconduisit à sa voiture qui stationnait, rue Rameau ; après lui avoir fait ses adieux, en l'assurant qu'il la rejoindrait sous peu de momens, il se retourna pour rentrer au théâtre.

A l'instant même, on vit un homme s'élancer, passer près du Prince comme un éclair et le choquer violemment. La première idée qui vint au Prince et à toute sa suite, fut que c'était un curieux indiscret ; l'aide-de-camp du Prince, M. le comte de Choiseul fut même tellement dominé par cette idée, qu'il prit l'importun par l'habit, et le repoussa en lui disant vivement : *Prenez donc garde.* L'homme s'enfuit. Il n'avait pas fait quelque pas dans sa course, que le Prince s'écria : *Je suis assassiné !* Le Prince, en effet, tenait la main sur un poignard abandonné par l'assassin, car c'en était un, dans la plaie même qu'il avait faite. MM. de Choiseul et de Clermont volèrent à l'instant même sur les traces de l'assassin, qu'eux et tous les assistans voyaient courir vers la rue de Richelieu. Le garde-royal Desbiez, qui était de faction auprès de sa voiture, à l'instant où le crime fut commis, l'adjudant-de-ville Meunier, d'autres militaires gardes-royaux et gendarmes, Lavigne, Racary, Giret, Bacher et Torres-Gilles, dont plusieurs l'avaient vu consommer son crime, se mirent aussitôt à sa poursuite.

Il fut arrêté très-près de là, à l'arcade Colbert, par un garçon limonadier appelé Paulmier, qui le remit sur-le-champ à l'adjudant de ville Meunier, au garde-royal Desbiez, et à tous les autres militaires par lesquels il était poursuivi. On le conduisit au corps-de-garde.

On le fouilla en présence de tous les témoins ci-dessus nommés, et de plus en présence du capitaine Lefèvre, qui ne commandait pas le poste, mais qui pourtant s'y trouvait en ce moment.

On trouva sur lui, dans une des deux poches de son pantalon, une gaîne vide, c'était celle du poignard avec lequel il avait frappé le Prince. Dans l'autre poche se trouva une alène de sellier, affilée aussi en poignard, et garnie également de sa gaîne. Ces instrumens homicides, et une clef qu'il avait sur lui, furent saisis et livrés sur-le-champ, ainsi que sa personne, à la justice. Cependant, aussitôt qu'on avait reconnu que Mgr. le Duc de Berry avait été frappé, on l'avait conduit, d'abord dans un corridor, puis dans le petit sallon de la loge du Roi. Le Prince lui-même, avait tiré d'une plaie profonde, le fer qu'y avait enfoncé l'assassin. L'arme était grossièrement façonnée en poignard tranchant et aigu, d'un demi-pied de longueur, emmanché dans du buis. Mgr. le Duc de Berry le remit à M. le comte de Menars, son premier écuyer, des mains duquel il passa immédiatement entre les mains du commissaire Ferté

Des médecins furent appelés. Les assistans connurent bientôt toute l'étendue du malheur de la France. Tous les secours furent prodigués avec un zèle et un talent dignes des plus grands éloges. Tous les secours furent vains. On ne put même transporter l'auguste blessé dans le palais de ses pères. Le 14 février, à six heures trente-cinq minutes du matin, le crime et le sacrifice étaient consommés.

Immédiatement après son arrestation, le coupable fut conduit devant le commissaire de police Ferté, que sa fonction avait appelé ce jour-là au théâtre confié à sa surveillence. Le commissaire Ferté avait déjà commencé à procéder à son interrogatoire, lorsque M. le comte Anglès, préfet de police, le procureur du Roi et le procureur-général arrivèrent successivement et dans cet ordre; c'était leur devoir de s'emparer du criminel et d'instruire dans la forme requise pour le flagrant délit : ils remplirent ce devoir.

On fit subir un douloureux interrogatoire à l'homme arrêté. Il déclara s'appeler Louis-Pierre Louvel, être natif de Versailles, âgé de 36 ans, garçon sellier, employé pour le compte du sieur Labouzelle, sellier du Roi, et demeurer aux écuries, place du Carrousel. Du reste, et dans cet interrogatoire, et dans tous ceux qu'il a subis depuis, notamment devant M. le Chancelier et devant MM. les Pairs-Commissaires, il reconnut que c'était lui qui était coupable du meurtre; il se vanta même avec férocité de méditer cet exécrable forfait depuis 1814. On lui représenta le grand poignard remis par M. le comte de Menars au commissaire de police Ferté; il le reconnut sans la moindre difficulté, pour lui appartenir, et pour avoir été abandonné par lui dans la plaie; il reconnut également le petit poignard, la clef, et les deux gaînes pour lui appartenir et avoir été saisis sur lui, à l'instant de son arrestation.

Il fut confronté sur le lieu même aux sieurs Paulmier, David, Meunier, Lavigne, Desbiez, Racary, Giret, Bacher,

Gilles-Torres et Lefèvre. Tous le reconnurent : Desbiez et Torres-Gilles, pour l'homme qui, sous leurs yeux, avait frappé le Prince ; Paulmier, David, Meunier, Lavigne, Racary, Giret et Bacher, pour l'homme qui fuyait à l'instant, et qu'à l'instant ils avaient poursuivi et arrêté ; le capitaine Lefèvre, pour l'homme qu'on avait conduit au poste, qu'on avait fouillé devant lui et sur lequel on avait trouvé les divers instrumens de mort, et la clef relatée plus haut.

Il a été procédé, dès le matin, à une perquisition dans le logement de Louvel.

On y a trouvé 165 francs en argent. Au surplus, on n'y a rien découvert absolument qui eût trait à son crime.

Un bien plus cruel devoir fut rempli. Il fallait constater contradictoirement avec l'assassin le corps du délit. Le bourreau fut mis en présence de la victime qui avait expiré sous ses coups. Le bourreau la regarda d'un œil fixe, sec et féroce, ne témoigna ni sensibilité, ni remords, et confessa de nouveau que c'était là son ouvrage.

Les médecins qui ont vu et soigné le Prince dans les premiers momens et jusqu'à sa mort, ont été rassemblés. Ils ont procédé à la visite extérieure, puis à l'ouverture et à la visite intérieure du corps. Leur rapport assermenté a été unanime. Le coup porté par Louvel est la seule cause de sa mort.

On a dû rechercher les motifs qui avaient pu porter Louvel à commettre ce féroce assassinat : nul indice du dehors n'ayant pu aider à les découvrir, Louvel a été soigneusement interrogé sur ce point ; du moins et sans varier jamais, il a répondu avec une entière franchise.

Il a déclaré hautement qu'il n'avait jamais reçu le moindre grief, ni de M. le Duc de Berry, ni de nul Prince de son auguste famille. Qu'il n'avait ni motif, ni prétexte de leur porter aucun sentiment de haine personnelle. Qu'il n'avait été poussé que par la considération de l'intérêt public ; qu'il regardait tous les Bourbons comme les ennemis de la France ; qu'aussitôt qu'à leur retour il avait vu flotter le drapeau blanc, il avait conçu le projet de les assassiner tous ; que ce projet ne l'avait pas quitté un seul instant depuis 1814 ; que depuis lors il avait cherché toutes les occasions de l'exécuter, suivi les Princes dans leurs chasses, rôdé autour des spectacles où ils se rendaient, pénétré dans les églises où ils allaient remplir leurs devoirs religieux, et dans lesquelles, au pied des autels, il les aurait égorgés, si son courage ne lui avait pas manqué, et si quelquefois il ne s'était pas demandé : Ai-je tort ? Ai-je raison ? Qu'à Metz il avait eu un moment l'intention de tuer en 1814, M. le Maréchal de Valmy, parce qu'il les servait, mais que bientôt il avait pensé que c'était un simple particulier, qu'il fallait porter ses coups plus haut ; qu'il aurait tué MONSIEUR à Lyon, s'il l'y eût encore trouvé, lorsque, lui Louvel, se rendit dans cette ville au débarquement de Buonaparte ; que depuis il s'était attaché à M. le Duc de Berry, comme celui sur lequel était fondé le principal espoir de sa race ; qu'après Mgr. le Duc de Berry, il aurait tué Mgr. le Duc d'Angoulême ; après lui MONSIEUR, après MONSIEUR, le ROI ;

qu'il se serait PEUT-ÊTRE arrêté là : car il paraît qu'à cet égard, la résolution du monstre n'était pas prise, et qu'il n'avait encore bien déter-
miné avec lui-même, s'il continuerait, dans les autres branches de la
famille royale, le cours de ses assassinats ; qu'il n'avait reçu de son arrestation qu'un seul chagrin, celui de ne pouvoir ajouter d'autres victimes
à celle qui était tombée sous son coup; qu'il était loin de se repen-
tir de son action, qu'il regardait comme belle et vertueuse; et qu'enfin
il persistait et persisterait toujours dans ses théories, dans ses opinions
et dans ses projets, sans s'embarrasser des jugemens des hommes
qui étaient divers sur de tels actes, moins encore des jugemens de la religion, à laquelle il ne croyait pas, et qu'il n'avait jamais pratiquée.

La plume se refuse à continuer de tracer de telles horreurs; les réflexions cruelles même qu'elles font naître, doivent être supprimées; il
faudrait plaindre une nation chez laquelle un aussi exécrable endurcissement ne ferait pas naître spontanément l'universelle détestation qu'il
mérite ; ce n'est pas la généreuse nation française qui a besoin qu'on
enflamme, en pareil cas, les nobles et humains sentimens dont sont
pénétrés tous les cœurs; après de tels aveux du coupable, après l'évidence de son crime, produite par tous les autres genres de preuves qui
se réunissent à ses aveux, il n'était plus question que de connaître et
de rechercher ses complices.

Cette exploration, si bien motivée par le grand intérêt qui s'y ratta-
che, a été faite avec soin ; on a fait des perquisitions chez tous les
proches parens de l'assassin, elles n'ont rien produit à leur charge ; ils
ont été attentivement interrogés ; nul indice qui fut contraire n'est sorti
de leurs interrogatoires.

Tous les documens qui pouvaient mettre sur la voie des complices
qui n'appartiennent pas à sa famille ont été scrutés.

Trois mois y ont été employés.

Plus de 50 commissions ont été délivrées.

Plus de 1200 témoins ont été entendus.

Nul complice ne s'est trouvé.

Louvel est donc le seul, en définitive et sauf les découvertes ulté-
rieures, qui doive être soumis à l'accusation.

En conséquence, de tous ces différens faits, Louis-Pierre-Louvel, garçon
sellier, âgé de 36 ans, natif de Versailles, demeurant à Paris, aux écuries du Roi, est accusé par le procureur-général de S. M., près la cour
des Pairs ;

D'avoir, le 13 février dernier, à 11 heures du soir, porté un coup
de poignard à S. A. R. Mgr. le Duc de Berry, qui en est mort, et
d'avoir ainsi commis un attentat contre la vie de la Famille Royale,
crime prévu par l'article 87 du code pénal.

Fait et arrêté en notre Cabinet, au Palais de la Cour des Pairs, le
12 mai 1820.

*Signé* BELLART.

Pour copie conforme :

*Le Greffier de la Cour des Pairs,*
A. CAUCHY.

Pour copie conforme :
PAJOU.

---

Chez Aug. SEGUIN. — De l'imprimerie de Jean MARTEL le jeune.

251

www.ingramcontent.com/pod-product-compliance
Lightning Source LLC
Chambersburg PA
CBHW050412210326
41520CB00020B/6565